Objetos no declarados

.CERO

EDICIONES PUNTOCERO
Caracas | Montevideo | Buenos Aires | Bogotá | Santiago de Chile
e–mail: contacto@edicionespuntocero.com
www.edicionespuntocero.com

ISBN: 978-980-7312-34-9

Diseño de colección y diagramación
Ediciones Puntocero

Fotografía de portada
© Luis Fernando Martinez. Sin título. De la serie «En el metro». Caracas, 2008

Corrección
Carlos González Nieto

Printed by CreateSpace, An Amazon.com Company

Objetos no declarados

1001 maneras de ser venezolano mientras el barco se hunde

HÉCTOR TORRES

Contenido

Justo a nosotros viene a tocarnos un mundo
lleno de países extranjeros.
Mafalda

A primera vista el que critica parece un destructor (...). De todo,
de cada piedra y de cada frase, hace un problema. Y esto es el
síntoma máximo del amor. Pues se maravilla allí donde nadie
se maravilla.
Adam Soboczynski

All in all it's just another brick in the wall.
Roger Waters

A los que se han ido al encuentro de sus propias utopías.
A los que emprendieron ese camino hacia el interior de sí mismos.
A los que me han servido de espejo.
A los que no se resignan.

Especial agradecimiento a esos entrañables amigos (aquí o allá) que me hacen sentir menos extranjero. A Ulises Milla, cuyas sabias observaciones contribuyeron a dar forma a la versión final de este título. Y a Lennis, por las sugerencias y las lecturas necesarias.

A manera de introducción

Un niño fue raptado por los indios. Luego de buscarlo infructuosamente durante años, a sus padres les hablan de un indio de ojos celestes. Lo localizan y descubren que, en efecto, se trata de su hijo. Lo conducen a su casa y el muchacho, una vez dentro de ella, se queda en silencio por un momento. De pronto, pega un grito, corre hasta la cocina, mete el brazo dentro de la campana y saca un cuchillito. Al verlo, le brillan los ojos y sus padres lloran al pensar que recuperaron al hijo perdido. Sin embargo, un día cualquiera se fue de vuelta con «los suyos».

La anécdota la relata Borges y no conozco una metáfora más preciosa para dibujar el lugar de los afectos que nos vienen de la infancia. Como las familias, la ciudad en la que crecemos es ese lugar. No se trata de un lugar presente, tangible, físico, sino una dimensión compuesta de escenarios y sensaciones en nuestro recuerdo.

Como la familia, la ciudad es testigo de nuestras encrucijadas. Cómplice de nuestras acciones. Concurrente de nuestras soledades. Guarda los asaltos a nuestra inocencia, la vergüenza de las derrotas, los tesoros que guardamos de ojos ajenos, las sensaciones que no supimos expresar...

Como las familias, las ciudades son esos afectos que nos asignó un dios arbitrario y ocurrente al que llamamos vida. Son ese sin porqué primordial que nos toca enfrentar. Se quieren, incluso contra nuestra voluntad. Se echan de menos, aun sin darnos cuenta. Son el compás, la ventana, el patio desde donde nos contrastamos para sentirnos orgullosos y desafortunados, a un mismo tiempo. Incitan la rabia, el dolor, la indignación y el despecho que solo puede provocar lo que nos importa.

Más que amarlas, nos resultan entrañables.

Están presentes en cada silencio que escogemos, en cada juicio que emitimos, en cada insulto que proferimos. Nos aprovisionan de los códigos con los que amamos, los terrores de los que nos cuidamos, los límites que traspasamos. Esculpen nuestro sentido del humor y el gusto que deleita nuestro paladar.

Querencia es, después de todo, esa dirección que nos imprimieron en la fábrica.

Este libro no continúa, sino complementa el universo iniciado en *Caracas muerde*. Es el lado oscuro de esa Luna. La precuela de su historia. El inventario en el que no nos gusta reconocernos. No es el estado anímico o espiritual que nos depara nuestra ciudad. Ni la cartografía de nuestros pálpitos, terrores y aprehensiones. Tampoco la crónica de nuestro espanto y nuestra celebración tras cada batalla ganada. Supone un momento anterior. Acaso apuntes arbitrarios de algunas coordenadas de nuestra naturaleza.

No es lo que nos hace la ciudad, sino cómo terminamos haciéndola a ella.

Este libro es una necesaria extensión. Está hecho de retazos escogidos de cómo nos relacionamos entre nosotros y cómo, para bien y para mal, nos hicimos de un sabor y de un carácter que, paradójicamente, notamos con más claridad cuando no estamos entre iguales.

El nosotros que se deja ver cuando no estamos entre nosotros.

Estos apuntes son una forma de decir que es este el infierno (y hasta el cielo) que construimos, porque ciudad y familia nos fueron dados sin consulta, pero terminaron siendo lo que nosotros hicimos de/con ellas.

En fin, se trata de esos objetos no declarados que, nos quedemos o nos vayamos, nos acompañarán como una forma menos supersticiosa de decir destino. Son apuntes de un pateador de calle que consideró ineludible continuar un tema. Imágenes que se escriben ante el temor de que prescriban.

Apuntes de lo que hemos hecho con lo que no hemos estado viendo.

El gran *selfie*, pero con rayos X.

Los objetos no declarados.

Cotidianidad

En los sesenta la gente tomaba ácido para hacer el mundo raro.
Ahora que el mundo es raro, la gente toma Prozac para hacerlo normal.

DAMON ALBARN

MI VENTANA TIENE VISTA HACIA UNA AVENIDA que desconoce la calma. Quizá en cierto momento del domingo. O en ese inadvertido segmento de la madrugada en el que los hombres se recogen para la inspección celestial. De resto, en ese mundo que se mueve dentro de ese marco azul, rara vez hay sosiego.

Desde allí, una noche, casi al amanecer, vi a tres psicópatas golpear con tubos a un chorito mientras le reclamaban por una batería, convencidos de que ellos eran decentes y el otro un criminal. En otra noche silenciosa pude seguir, en un gran plano secuencia, el robo de una moto a punta de pistola, desde el instante en que se le fueron acercando y, apuntándolo, le dieron alcance desde otra moto, hasta que, luego de alejarse sin dejar de apuntarlo en ningún momento, la aturdida víctima corría, ciega de miedo, cada vez que escuchaba una acercarse por la calle.

He visto autobuses y carros incendiándose frente a una bomba. Y, en esa misma bomba, una pelea que degeneró en trifulca cuando un hombre usó un tubo con el que «apagó» a su contendiente. Y a ese contendiente a punto de ser atropellado por un camión en retroceso que intentaba huir del zafarrancho. Y, en esa misma bomba, a un zamuro robar la cartera a un hombre cuyo cuerpo desplomado yacía aún en torno a su sangre tibia. Recuerdo que amanecía un 25 de diciembre.

No para él, por supuesto.

He visto policías pasar cada tanto martillando a los buhoneros de la zona y turbios negocios a los que nunca les conseguí explicación. Vi a un comerciante en moto neutralizar a sus atracadores a tiro limpio. Y a un loco perseguir a unos ladrones, calle arriba, disparando mientras corría. Vi, en tiempo real, toda la secuencia en la cual dispararon a un policía motorizado que se acercaba a un carro sospechoso, siendo que el disparo fulminante se lo propinó una mujer. La víctima era un moreno voluminoso que no tenía menos de cuarenta años y que dejaría viuda y quién sabe cuántos huérfanos.

He visto choques estrepitosos y hasta una persecución policial que terminó en cacería, justo frente a mi ventana. Como en una foto, aún puedo ver a los efectivos de la Disip asomando el largo cañón de sus plateados y poderosos Magnum 357 (cuando era la Disip, cuando usaban revólveres) por la ventana del carro, disparando sin apuntar. Era de tarde y aún recuerdo a una vieja vecina llorar porque en algún hogar una madre se quedaría esperando a un hijo.

Esa tarde el cielo indolente nos regaló un óleo con rosa y azul.

He visto atracos y personas arrolladas. Y motos rodando por la acera, a contravía, y por el pedacito de avenida que queda entre el autobús que se detiene y la acera. Y motos rodando por la acera. Y motos rodando por la acera. De policías, de ladrones, de trabajadores, de vagos... motos rodando por la acera.

O resolviendo sus problemas de liquidez estrellándose contra parachoques.

He presenciado con irritada fascinación cómo una *chopper* atravesó la avenida de punta a punta a alta velocidad, dibujando un arco de estruendo en el negro silencio de la madrugada. Y a motorizados no pararse más nunca del asfalto a donde fueron a parar, luego de un inesperado, breve y brusco vuelo.

A uno lo bauticé como El Gato y le puse una esposa que se cansó de esperarlo.

He visto a una chica llorar desconsoladamente la muerte de su perro, una hermosa nena abrazando a una hermosa bestia del color del trigo. Y a un perrito recuperándose en silencio, exhibiendo su casta y su sabiduría ancestral. Y actos hermosos, como el del señor que arriesgó su vida para tranquilizar a un perrito callejero, desorientado en medio de los carros que no se detenían. Pero también un grupo de motorizados impedir a un hombre llevar al hospital a su mujer a punto de parir, porque había chocado con uno de ellos.

Es decir, la suprema heroicidad y la suprema idiotez en el mismo pedacito de calle.

He visto parejas enzarzadas en discusiones interminables hasta bien entrada la noche. O agrediéndose. Y guerra de botellas entre bandas. Y a mujeres maltratadas por el marido atacar a policías que intentaban ejercer algo de «justicia» espontánea contra el agresor. Y a otras golpear a hombres que prefirieron huir antes que ceder a sus impulsos animales. Y a dos haitianos discutir una madrugada con una rabia más cercana al dolor que al odio, y a uno de ellos alejarse sin mirar atrás mientras el otro se quedaba toda la madrugada en la misma esquina, despierto y sollozando.

Asustado, como si estuviera atrapado en una pesadilla.

He visto los raros instantes de paz que tiene la tarde y a los esper-pénticos e increíbles seres que paren las madrugadas, como *morlocks* salidos de grietas y alcantarillas. Y escenas que producen una mezcla de miedo y deseo, como aquella joven con falda y tacones vagando de madrugada bajo un aguacero.

He visto marchas, injusticias policiales y malandreos a inocentes que hacen hervir la sangre. Y peleas callejeras sanguinarias. Y una ven-ganza ejecutada desde un carro del que se bajaron dos negras, fuertes como pitbulls, para rajarle la cara a una chica delgada que venía del trabajo, «para que nunca se te olvide que Chucho tiene mujer».

Y una espesa nube de mariposas amarillas tupir el azul pálido de la tarde.

Me he atormentado con la idea de ver a mi padre parado junto al árbol que está frente a mi ventana, porque ya estaba muerto y no se pudo despedir. Y a las chicas del *neighborhood* crecer, cada vez más her-mosas o más marchitas. Y nenas lindísimas que nunca son las mismas y nunca cesan de gotear, como un riachuelo de maravillas. Y padres amorosísimos llevando todas las mañanas a sus niños bien peinados a la escuelita de al lado. Y doñas mimando a sus perritos falderos como si fueran los niños que no tuvieron. Y a mi hijo pequeño haciendo sus primeros «mandados», llenándome de tonto orgullo e injustificado terror. Y a un osito de mi hija caer al vacío para no regresar jamás. Y a mi hijo mayor haciéndome olvidar un discurso forjado en ansiedad y rabia, porque, después de todo «está vivo, coño».

Y besos febriles y desfachatados y lascivia anónima y parejas jugueteando como cachorros, persiguiéndose, escondiéndose y fingiendo enfado, como si estuvieran (y, de alguna manera, están) en el parque de sus ensueños y no en una sucia avenida caraqueña. Y a mi mujer, entre la gente, acercarse por la calle, como una más pero radiante, como solo ella.

Y el mundo oscilar del amor al miedo y del miedo al amor, en un vaivén perpetuo.

Y atardeceres rosas, celestes, grises, púrpuras, amarillos, que dan ganas de llorar, de tan indescriptibles. Atardeceres que limpian todas las penas humanas, para compensar que, después de todo, el pobre hombre, ese que se niega a abandonar este mundo a pesar de todos sus lamentos, vino a él sin saber por qué ni para qué.

Un marco azul, que es una ventana y que es también una ciudad y un mundo.

De carambola, como en el billar

El más importante es aquel que con más frecuencia accede a la oreja imperial. Con más frecuencia y por más tiempo. Por aquella oreja las camarillas se enzarzaban en las luchas más encarnizadas...

RYSZARD KAPUSCINSKI

PASADAS LAS SEIS DE LA TARDE DE UN DÍA CUALQUIERA, sobre el asfalto, la ciudad hierve de ruido y de motores quemando combustible. Debajo de él, hierve de gente y de historias hechas por la gente. Esta es una de esas y sucede en un vagón del Metro en dirección Palo Verde.

Como ya se ha dicho antes, el Metro es una muestra del ADN que circula por la sangre de la ciudad. Viaja a través de él al menos una hora y conocerás un grueso porcentaje de la fauna caraqueña. Es incomprensible que nunca se vea por allí a quienes pretenden dirigir la ciudad. Una sabia ley los debería obligar a usarlo durante un mes, al menos. Así conocerán a quienes pretenden gobernar y se darán una idea de cómo viven, qué piensan, en qué andan.

Quizá, al conocerlos, los respeten más.

Pero no nos alejemos de la historia. Metro, vía Palo Verde, sobre las seis de la tarde.

El vagón va bastante lleno aunque no a reventar. En uno de los asientos está una madre en torno a los cuarenta. A su lado va sentada su hija, de unos doce, y, en el piso, a los pies de ella, va jugando un varoncito de unos siete. La señora tiene acentuadas arrugas marcándole el ceño. Terminaron por ser su forma natural. Es una morena robusta y tosca, de cabello recogido y manos fuertes de uñas sin pintar. Cada tanto regaña al hijo por algo. O, dicho de otra manera, cada tanto el niño hace «algo» que irrita a la madre. O, más preciso aún, cada tantos minutos la madre, bajo cualquier excusa, gruñe y ladra al pequeño.

La hija, sentada a su lado, disfruta de su privilegiada posición en la estructura del hogar. Imita todos los ademanes de la madre y demuestra ser una alumna aventajada. Cada tanto, un poco para confirmar su posición y otro para practicar, le hace notar a la mamá alguna acción del niño que merezca una recriminación materna. Cosa difícil, porque la madre tiene un sensor de los movimientos del hijo.

Y, sin embargo, la aprendiz lo logra. No le quita la vista de encima con la esperanza de adelantársele a la madre en alguna falta y poder dar el alerta. Cuando descubre lo difícil que resulta, recurre al expediente de hacer uso de información que posee de primera mano, que le da ventaja. Esto es, el tiempo que pasan en la escuela.

Entonces le dice a la mamá, imitando perfectamente su ceño y su tono y su fastidio y su calor: «¡Lo hubieras visto esta mañana! ¡Bochinchando en su salón!». El niño quiso desmentirla pero la hermana está más cerca del poder, por lo que no tiene necesidad de demostrar sus afirmaciones. Otra andanada de amenazas y reproches. El niño, agotado del cerco, se quebró y comenzó a llorar, bajito para no molestar.

Pero la hermana no estaba dispuesta a dejar pasar ese trofeo. «¡Ya está llorando!», le dijo a la mamá en una perfecta imitación producto de muchas horas de observación y práctica. «¡Pregúntame!», ladró la mamá, alzando los hombros y mirando a otro lado.

Y así siguieron todo el camino: la mamá reprochando y la chica disfrutando de su condición de esbirra. Ella sabe que la cercanía al poder le permite hacer prevalecer sus versiones de los hechos que la involucren y tengan al hermano por testigo, por lo que es su deber siempre tener una excusa para desacreditarlo; además de que mientras tenga al poder ocupado en los desmanes del pueblo (su hermanito), nunca le saldrá auditoría a sus actuaciones ministeriales. De una forma muy astuta se coloca en una posición en la que mantiene en control tanto a la madre como al hermanito.

No me digan que no tiene futuro.

Eso le servirá para pasar los duros años de la adolescencia. O, al menos, mientras esté bajo vigilancia materna. Descubrió que la mamá era un carro de pique frente a un semáforo en rojo y encontró la manera de mantenerse a salvo. Después de todo, como sucede en esos casos, no es nada personal.

Y pasará el tiempo. Y el hermanito crecerá débil, pero ocultándolo. Porque a pesar de las humillaciones sistemáticas a las que lo someten, le echarán en cara que debe «ponerse duro» y actuar como un hombre. Ahombrarse, que es la expresión de moda. Y no solo se lo dirán la mamá y la hermana. Se lo dirá la calle en todo momento. Con hechos y palabras. Será, entonces, débil por dentro (no podrá evitarlo, los años de sometimiento habrán hecho su irrevocable trabajo), pero se hará de una pátina de dureza, y hasta de maldad si fuese menester.

Cualquier cosa mientras nadie sepa de qué está hecho en realidad.

Y crecerá con un enorme rencor hacia esa persona que ama de una forma irrenunciablemente leal. Y el amor y el rencor que siente por ella se unirán como dos ríos en algún momento de su vida. Y lo proyectará, sin darse cuenta, en todas las mujeres con las que se relacione. La mamá y la hermana se aparecerán súbitamente en la cara de cada víctima circunstancial.

Y podrá desahogarse.

Y no podrá evitarlo, porque será un tipo débil. No conocerá la magnanimidad, porque adentro no hay más que un niño asustado. Un corazón pequeño. Y ajustará cuentas con la mamá (a la hermana la pondrá en su lugar el día que se pare frente a ella y, entre gritos de parte y parte, alce la mano en señal de advertencia de que las cosas han cambiado), haciéndole daño de carambola.

No podrá enfrentarla, pero no podrá evitar sentir placer cuando, en cada traspié, en cada barranco, vea a la mamá acusar recibo del golpe. La intuya, en el silencio de sus madrugadas, echando la vista atrás. Nunca le dirá a nadie, ni a sí mismo, que sí, que siente algo parecido al placer cuando la hace sufrir con su conducta errática y violenta. Nunca admitirá que los «malos pasos» serán la forma secreta en que descubrió cómo devolverle el dolor que ella, ese ser tan entrañable en su corazón, le proporcionó. Sin tocarla.

De carambola, como en el billar.

Calor familiar, le llaman

PONTE A VER UNA PELÍCULA CUALQUIERA DE EMIR KUSTURICA, quizá *Gato negro, gato blanco*, y al poco tiempo percibirás una incomodidad que, en tanto avanza la historia, adquirirá la forma de un bochorno palpable, como si la estuvieras viendo al aire libre en una calle de San Félix, a golpe de tres de la tarde.

Los personajes de esa original historia de amor están construidos con una alucinante mezcla de violencia, crueldad, ternura, resignación, concupiscencia, avaricia, en grado tan superlativo que tardarás muy poco en entender qué te inquieta tanto.

Sí, exactamente: a pesar de que el petróleo nos ha alimentado una fantasía de sofisticación, los venezolanos hemos demostrado que podemos ser tan arbitrarios, mezquinos, descabellados y pintorescos como los personajes a los que da vida este director serbio.

Cuenta Roberto Echeto en una de sus crónicas que en una ocasión, presenciando la cantidad de gente que iba a Maiquetía a despedir a los que se iban, Adriano González León, a quien tropezó en el mismo aeropuerto, sentenció contrariado que «la gente debe administrar mejor sus afectos. ¡Hasta a la abuelita se traen a esta vaina!».

Y razón no le faltaba, porque si hay un rasgo «kusturicamente» nuestro es ese afán de reunir, literalmente, a toda la familia para cuanto evento social tengamos, no importa lo pequeño, intrascendente, rutinario o breve que sea. Si el hijito hace la Primera Comunión o la

nena participa en su primer concierto de cuatro; si el ahijado hace de
«Árbol 2» en un montaje de teatro infantil o la sobrinita es promocionada a primer grado, ahí estará (literalmente, de nuevo) toda la familia, ocupando media sala del escenario, como si no se hubiesen enterado de la invención de las cámaras de video. O como si no estuviesen registrando todo con las cuatro cámaras que llevaron al evento.

Y si ya parece un exabrupto, o una enorme desconsideración para con las familias pequeñas eso de congregar una proteínica y entusiasta barra, visiblemente desproporcionada para la magnitud del momento, agréguesele a eso la aparición del «apartapuesto», una figura nacida de la incestuosa unión del medalaganismo con la viveza criolla.

Aquí vale acotar que no se debe confundir al apartapuesto con el floreciente negocio del cuidacarro, el cual consiste en hacerse arbitrariamente dueño de una acera y hacer de parquímetro humano. Si alguien se niega a pagar su tarifa única, no sujeta a control alguno, aquel puede cambiar su rol al de vándalo o, incluso, al de delincuente.

Al apartapuesto se le puede comparar con lo que, en términos bélicos, se conoce como una *cabeza de playa*. Este procedimiento requiere de un miembro de familia ágil y suficientemente informado del número de los convocados, el cual debe entrar al recinto cuando este aún se encuentre bastante vacío. Una vez adentro, hará el cálculo mental de los asientos requeridos y procederá a «apartarlos» valiéndose de diversos métodos, que van desde sentar niñitos cada tres puestos para que repitan, ante cada avistamiento humano, un mecánico «taocupao», hasta desplegar sobre una fila entera de asientos todos los objetos que lleva en la cartera, los cuales pueden consistir en: cartucheras, espejos de mano, pañales desechables (sin uso, claro), botellas de agua, suéteres, estuches de cámara y, al menos, un niñito que, a manera de pastor del rebaño se encargará de, mediante el clásico «taocupao», hacer respetar la arbitraria demarcación territorial.

Y, si sigues viendo en torno, verás que no es solo eso. Son las fiestas de las familias numerosas, con su humor grueso y sus rudas ternezas, sus abuelas que ríen desde su rincón y la foto con labios pintados del borracho que se quedó dormido en el mueble. Es la piñata, lo más parecido a una mezcla de saqueo con linchamiento, pero en formato *baby*. Es el río de alcohol que, si se agota, siempre habrá quien sepa «dónde venden a esta hora» y se ofrecerá a ir a buscarlo. Es el profuso descomedimiento y la celebración como de fin del mundo, así sea de una confirmación o de un nuevo empleo. Son los mercados libres y la aglomeración de gente como parte de un modo de (hacer la) vida.

Después que se toma consciencia de ello, si uno busca una película, o ve un video de un concierto de Kusturica, podrá deducir dos cosas en ese aire caótico, tribal, divertido, arbitrario, salvaje y aldeano que flota en torno a sus películas y su música: a) Kusturica es malandro, y b) los latinoamericanos somos unos parientes más o menos lejanos de los balcánicos. Parientes con una herencia común intacta.

De ellos y de todos los pueblos que intuyen que el caos es otra forma del equilibrio, y la incertidumbre una manera de ver el futuro.

Fingir hartazgo cuando no se ha comido

Un viejo jugador de póquer señaló en una ocasión que el éxito de la vida consiste en fingir hartazgo aunque no se haya comido. Una idea similar esbozó la activista social Naky Soto, recurriendo de nuevo al universo culinario, cuando advirtió que hacerles seguimiento a los proyectos es como freír tajadas: si te quedas vigilándolas nunca terminan de estar listas, pero basta que les quites la vista de encima para que se quemen.

Hay un insondable punto de equilibrio, pues.

Pero algo en nuestro ADN nos impide encontrar ese punto. Nuestra naturaleza propende a vivir en la desproporción, en el exceso, en el descomedimiento como condición de vida. Nos movemos en el eterno plus, en el superlativo. Vivimos con tanta prisa que, como las tajadas de Naky, al menor descuido nos achicharramos.

O, como podrían recordarnos los miembros de la más reciente colonia del apacible barrio de Los Palos Grandes: dejemos al loto la labor de encender la primavera. Que querría decir algo así como: llamamos a la desgracia cuando sobreestimamos nuestras propias fuerzas.

Como resultado de vivir en una sociedad de instituciones desnutridas, para seguir usando metáforas alimenticias, nuestro mayor objeto de deseo y, por ende, nuestro más caro fingimiento, es el poder. En las sociedades de instituciones vigorosas, el ciudadano tiene al alcance el poder de las leyes, el poder de sus derechos. Eso le basta para mirarlo desde lejos, ya que sabe que cuando requiera acudir a él, allí estará, a su servicio. Enorme pero manso.

Pero al vivir en una permanente vulnerabilidad ante la aplicación discrecional de las leyes a cargo de terceros, fingir poder es uno de nuestros mayores activos.

De hecho, casi podría asegurarse que la mayoría de la gente es, básicamente, buena. El problema está en que, en general, la discrecionalidad en la interpretación de esa norma, justificando válidas excepciones a nuestra conveniencia, hace que la misma, en la práctica, deje de ser tal.

Y, en fin, como ejercer la ciudadanía no entraña un poder, la gente lo busca o lo simula, a fin de tenerlo a la mano para cuando lo requiera.

Y ese poder se manifiesta a través de los más disímiles símbolos. Desde colocarse la camisa roja a las puertas del organismo público al que se va a solicitar ayuda («estar» con El Poder), hasta los ocho escoltas que un funcionario usurpa a la ciudadanía (abusar de El Poder), pasando por toda forma de opulencia: camioneta inmensa, celular de última generación, billetera musculosa, pistola visible, «chapa» pesada... («blandir» El Poder), o cualquier otro símbolo que sirva para sentirse con un cupón extra para cuando la circunstancia lo exija.

Lentes oscuros, casco, jeans, chaqueta negra, motos sin placa... Si los policías «de civil» salieran a la calle uniformados, de seguro pasarían más desapercibidos. Pero la verdad es que, a todas luces, no es esa su intención. Igual sucede con los escoltas de «personalidades»: de tanto pretender infundir temor, de tanto demostrar poder, se les queman las tajadas. Entre masa muscular forjada en gimnasios, franelas talla «chupi», cacha de pistola visible, cara de pistola enfundada en sus lentes de duro y Suzuki V-Strom de 650 cc como mínimo, se forjan una imagen tan imponente, tan de *Max Steel* criollo, que los malandros que ambicionan esos inalcanzables símbolos de estatus, convencidos de su clara desventaja, no los enfrentan sino que, apostando a la economía de recursos, les disparan sin remordimientos, es decir: convencidos de lo justificado de su método, para proceder a despojarlos de sus tesoros.

Entre el uso indiscriminado de los símbolos y acudir a la errada estrategia de adoptar el aire de poder del «chivo» que escoltan, pretendiendo ir por la vida con esa «voz de mando», se producen no pocos desenlaces fatales.

No es casual que, solo en 2012, asesinaron a doce escoltas de altos funcionarios, los cuales formaron parte de la lista de casi un policía diario, según el Observatorio Venezolano de Violencia. El caso del presidente de PDVSA debe ser digno del Guinness: ese mismo año fueron asesinados dos de sus espalderos, uno en julio y otro en noviembre, el primero de ellos de quince tiros.

Y como el hambre es un monstruo que más crece en tanto más lo alimentas, el asunto se incrementa exponencialmente. En el primer trimestre de 2014 la cifra cerró con seis escoltas asesinados, entre ellos uno de la vicepresidencia y otro de la presidencia de la República.

Lo sabio siempre será, por tanto, tener presente aquel viejo adagio que reza que la vida (como el póquer) es un juego que consiste en fingir hartazgo cuando no se ha comido. Que siempre será más llevadero que una muerte por indigestión.

Una calle estrecha de una sola vía

COMO LA GENTE, CADA PEDAZO DE CIUDAD tiene una vida que contar. Cada esquina, cada callejón, cada plazoleta, tiene una personalidad, una memoria, una tragedia y hasta una leyenda a cuestas. Y, como pasa con la gente, que nadie se engañe con un aspecto apacible. Basta observar detenidamente la más pisapasito de las calles durante el tiempo suficiente para que nos encontremos con su ayayay, su yo-te-lo-dije, su nometoqueesatecla.

Esta historia se desarrolla en una urbanización de clase media caraqueña, en una estrecha (como la cabeza de algunos) calle de una sola vía. Un tramo corto que, sin embargo, es usado por los conductores que van en sentido contrario para evitarse la molestia de usar la vía que corresponde, que es más larga.

Eso que aquí llamamos «comerse la flecha».

Vale acotar que esas expresiones, en nuestro país, dejan de indicar una falta para, con el tiempo y sin ningún pudor, pasar a indicar una acción. Por ejemplo: «Te comes esa flechita unas dos cuadras y caes a tal calle». Vale acotar, también, que a pesar de tener un solo y claro sentido, la costumbre ha hecho que, en calles con esas características, cuando dos carros se encuentran frente a frente, surja una serie de elementos tácitos —como, por ejemplo, el que tenga más tramo andado— que permitirá dilucidar qué vehículo se monta sobre la acera, en retroceso, para dar paso al otro, y luego retomar ese legitimado ejercicio de «comerse la flecha».

Efectuadas las acotaciones de rigor, sigamos con la crónica:

Aunque es un tramo corto, no es lo suficiente como para que no se produzcan colisiones de respetables dimensiones. Estas se deben a la velocidad con la cual los «vivos» la atraviesan a fin de no tener que retroceder, si llegaran a tropezarse con un vehículo que transite en sentido contrario (el legal) en ese momento.

Vamos a detenernos un momento para repasar los elementos presentes en la historia: urbanización clase media caraqueña. Vivos que ven normal «comerse la flecha». Sociedad que, con el uso, normaliza las faltas. Normas al margen de las normas...

Bien. Sigamos.

Aquí entra en escena la protagonista.

Una periodista, vecina directa de esa calle, rodaba por ella en su carro. Es de las personas que se niegan a adaptarse a ese modo de ir por la vida con reglas al margen, pero la realidad, los tiempos, la agenda... En fin, la verdad es que no tiene tiempo para atormentarse con la conducta de sus conciudadanos y desplegar una militancia activa en el repudio de esas conductas.

Ah, pero ese día sí tenía tiempo. Al menos, un poco más de lo usual. Suficiente para darse el gusto de fijar posición en torno a la manera en que sus conciudadanos cortan la ciudad a la medida de sus privilegios.

Privilegios, es decir, con su ley privada. La de cada uno. El caos, pues.

Va rodando por su calle, como se comentó, y se encontró un carro en sentido contrario, conducido por un caballero de unos cincuenta y tantos, en una camioneta nueva, elegante. Se detienen frente a frente. La chica ve la cara, más que resuelta prepotente, del conductor que se está comiendo la flecha, ve la hora en el panel y, sin decir nada, simplemente apaga su carro.

Se supone que, para enfatizar el dramatismo de la escena, la calle toda se quedaría en silencio, como esperando el desenlace de esa escena.

¿Qué hizo el otro conductor? Exactamente lo mismo.

Clic.

Hay un viejo chiste, que narra una situación similar, pero en la que se encontraron dos maracuchos, ninguno de los cuales pensaba dar su brazo a torcer. Echá pa'trás. Echá pa'trás vos. Pero echá pa'tras. ¿Por qué no lo hacéis vos? El primero pone el freno de mano. El otro también. El primero apaga el carro. El otro hace lo mismo. El primero saca un libro de la guantera y advierte, encogiéndose de hombros: «Me voy a leer la Biblia». Con la legendaria agilidad mental que se adjudica a su ADN, el otro le replicó, de inmediato:

«Cuando terminéis me la prestáis».

Volvamos a la escena que quedó congelada:

El contrincante de nuestra protagonista (maracucha, para más señas), parecía de esos que piensan que darle la razón a una mujer es reconocer la pérdida de su supremacía natural, pero la balanza de las circunstancias comenzó a inclinarse hacia ella, porque fueron llegando más carros que usaban la calle en el sentido previsto. Y con ellos se fueron sumando las cornetas, las cabezas asomándose por las ventanas, las palabras que comenzaban a subirse de tono, en fin...

Ella seguía imperturbable. Podemos imaginarla dándole un toque al largo de sus uñas con una lima que encontró en la guantera. O echando un vistazo al maquillaje en el retrovisor. O el clásico movimiento del mechoncito de cabello que nunca está donde debe. El otro, quizá habrá concluido que no está nada bien darle la razón a una mujer así la tenga, pero si varios hombres la secundan..., encendió su carro tras un bufido de su cuello de buey, se montó en la acera en retroceso haciendo sonar sus cauchos y despejó la vía.

La chica guardó la lima, se observó fugazmente en el retrovisor, encendió su carro, avanzó lentamente y se detuvo frente al infractor para decirle algo de lo que pensaba sobre el «medalaganismo» venezolano. Pero su contrincante, dejando en claro que ceder contra su voluntad no implicaba reconocer falta alguna, alzó su voz por sobre el discurso civilizador de la agraviada para ladrarle:

«¡Dale, mija, dale, no ves que tienes el tráfico parado!»

Así, sin más. Sin pudor. Sin remordimientos. Macho que se respete, parecía pensar el antagonista de nuestra historia —de pensamiento estrecho, como la calle—, es arrecho así sea cayendo por un despeñadero.

Al que pela el chingo...

A Alexis Romero

Friday night in the Kingdom of Doom
Ravens fly across the moon
All in now there's a noise in the sky
Following all the rules and not asking why.
«KINGDOM OF DOOM», THE GOOD, THE BAD AND THE QUEEN

ES DIFÍCIL PRECISAR SI A ALGUIEN SE LE HABÍA OCURRIDO, antes que al compositor puertorriqueño Catalino Curet Alonso, aquella expresión inmortalizada por el sonero Héctor Lavoe que advierte que «la calle es una selva de cemento». Por una parte, se trataba de una metáfora destinada a convertirse en lugar común apenas el ser humano avanzase unos cuantos grados en su malicia colectiva. Pero, por la otra, lo mismo constituiría una señal de que se trata de una verdad irrefutable, al punto de ser la razón por la cual la frase estaba llamada a convertirse en un lugar común.

Era una tarde de viernes, y a diferencia de lo que podría esperarse en otras latitudes, en nuestro país cualquier crónica que comience con «era una tarde de viernes» se constituye en otro lugar común que, de inmediato, pone en guardia al lector ante la inminencia de una historia negra.

Esta no será la excepción.

En fin, era, entonces, una tarde de viernes en este reino cuya única norma de uso vigente reza: «Todo el mundo es sospechoso hasta que se demuestre lo contrario».

El asunto tiene como protagonista a un profesor universitario y transcurrió en un microbús rodando hacia la universidad en la que da clases. Entre sus pertenencias estaba la *laptop* que al fin pudo comprar con su sueldo de docente.

Se dan una idea de cuánto tuvo que ahorrar, ¿no?

Absorto en su lectura, no sabía ni cuánto tiempo había transcurrido, ni cuánto faltaba para llegar. En medio de ese murmullo, lejano y confuso, que produce la ciudad cuando uno está concentrado en algo, no notó a los dos tipos que se subieron al microbús, como tantos que suben y bajan a lo largo de su recorrido.

No fue que comenzaran a hablar en voz alta, porque su oído está adiestrado para obviar a los vendedores, declamadores de tragedias y pedigüeños. Ni siquiera se trató de lo que decían, porque él no suele prestar atención al entorno cuando va en la calle. Fue, más bien, el tono. Las maneras. Un tono que, para estar acorde con las personas que lo enunciaban, debía estar uniformado de algo que sugiriese autoridad.

Esto es, una cacerina de 15 balas, metida en una cacha, visible en el cinto.

Descubrió entonces que no se trataba del tono. Al levantar la vista para ver quién lo empleaba con esa soltura, vio que quienes lo hacían no estaban «vestidos para la ocasión».

Fue allí cuando prestó atención a la situación. No fue sino hasta entonces que se asustó. Estaban ladrando instrucciones, como quien vende Tridents, pero con autoridad: iban a pasar por los asientos y, sin que nadie se sintiese inclinado a ejercer ningún tipo de acto heroico, todos los objetos de valor debían descansar sobre las piernas de los presentes.

Ciertamente no lo dijeron con ese tono, pero así lo procesó él. Suspiró y pensó en su *laptop* de estreno, su costosa y al fin adquirida herramienta de trabajo, y comenzó a calcular cuántas jornadas de clases debía dar para reponerla. Contó con un par de segundos para decidirse si la ocultaba o la entregaba. Los meses que tardó para comprarla apuntaban en una dirección. La «herramienta de trabajo» que el delincuente empuñaba en la mano, en la dirección opuesta.

El verbo «apuntar» le atravesó la columna como un rayo helado.

No tuvo ocasión de discernir entre el costo de una *laptop* (es decir, de un mal día) y el de una bala (es decir, de un trágico día), por lo que decidió no hacer ni una cosa ni la otra: dejó que el destino decidiera. Resolvió colocarla sobre su regazo, pero bajo unos libros. Ni ocultándola, ni entregándola. La puso en manos de Dios, como dirían las abuelas. Que Él decidiera. Junto a la *laptop* con los libros colocó su cartera y su celular de escaso valor.

Cuando el delincuente llegó hasta su asiento, el profesor miraba fijo, sin altanería ni miedo, en dirección a sus zapatos, en lo que podríamos calificar como una actitud ausente. El delincuente le vio la expresión, la ropa, el maletín de cuero, la camisa manga larga arremangada, el rostro carente de pretensión, los libros sobre las piernas...

¿Usted qué hace? ¿Es maestro?

Así es, doy clases.

¿Dónde?

En la Escuela de Educación.

¡Maestro que enseña maestros!, comentó el hombre, acentuando sus palabras con un dejo de solemnidad.

Así es, respondió el profesor, con una dignidad desprovista de estridencias.

Hubo un silencio de un par de segundos que parecieron un par de semestres.

Siga enseñando, maestro, dijo el delincuente, dándole una palmada en el hombro y siguió hacia los asientos posteriores.

Evitando la soberbia de celebrar lo que había sido una «decisión celestial», el profesor volvió a su silencio, sin quitar la mirada de sus zapatos, hasta que escuchó a los delincuentes ordenarle al conductor que se detuviera.

Luego de bajarse aquellos, quedó un aire enrarecido en el interior del transporte, como si de alguna manera algo de ellos se hubiese quedado entre la gente. Como si hubiesen dejado el veneno que traían en el alma.

Y efectivamente lo dejaron.

Tratando de entender a qué dios agradecerle su suerte, en medio del desconcierto, el miedo y la rabia que quedan tras esas situaciones, sus pensamientos se vieron truncados por la figura de un hombre cincuentón, moreno, de lentes y guayabera, que se levantó del asiento inmediato al suyo y, convencido de que a alguien debía culpar por el mal trago, giró el cuerpo en dirección al profesor y, apuntándolo con un robusto dedo índice, le ladró, con el mismo tono con el que hablaron los delincuentes, y una rabia hirviendo en sus ojos enmarcados:

¡Ahora tú nos vas a explicar por qué fuiste el único al que no atracaron!

El profesor lo cuenta con serenidad. Como el que recuerda una historia que una vez escuchó, ya ni sabe dónde. Cuando se le pregunta cómo logró bajarse en la siguiente parada sin que lo lincharan, esboza una sonrisa indescifrable y se pone a hablar de otra cosa.

El pequeño poder

COMO EN LA MENTE DE LOS SOLITARIOS, en las calles de Caracas siempre pasa algo. Incluso cuando parece que no. Ya desde ese preciso momento en que la ciudad, con negligente ausencia, comienza a calentar las turbinas, están pasando cosas.

Todavía no eran las ocho de la mañana y el silencio y la quietud de los pasillos daban a los maniquíes de las tiendas un aire espectral. Como de personas atrapadas en un viejo recuerdo. Aún estaba lejos esa hora en que el centro comercial adquiere ese punto, un poco después del mediodía, en que parece un patio de colegio.

En la soledad de los pasillos dos tipos van hacia uno de los baños. Se pueden oír los ecos de sus pisadas. Al llegar encuentran que el paso está obstaculizado por un cartel amarillo que les indicó que el baño estaba «closed», junto a otras palabras como «caution».

Al oír que están dispuestos a ignorar el cartel, una ubicua voz de mujer bramó desde el baño de las damas que «estoy limpiando, usen el otro». El primero de los tipos, el más joven, mintió, con la audacia que da la edad, «no, ya del otro me mandaron para acá». Y lo hizo con un tono y una seguridad que no dieron espacio al contraataque, logrando lo impensable: hacer titubear a la señora por una orden que emitió en su propio feudo.

Ese segundo de duda bastó para que el tipo, de una zancada, salvara el obstáculo y, satisfecho, se encaminara a los baños. El que iba atrás, de unos cincuenta años, aunque más taimado, no desaprovechó la ocasión y lo secundó sin decir palabra.

Una vez adentro, en ese baño inmaculado como solo puede estarlo a esa hora (cuando uno los ve tan brillantes, entiende que a las señoras que los limpian les moleste saber que van a ser usados, por lo que hacen todo lo posible por evitarlo), el tipo celebró verlo tan pulcro, para él que no suele recibir atenciones especiales en la vida. No pudo evitar exteriorizar su triunfo con un «estrenando, pues», y se dirigió a uno de los dos cubículos. El señor que lo secundó se disponía a entrar al otro, pero descubrió que no había papel sanitario dentro. Animado por el aplomo con el cual su compañero había manejado la situación con la dueña de los baños, se asomó al pasillo y le hizo su solicitud, imitando su tono (no su aplomo) para que ella, que estaba en el baño de damas, lo escuchase.

Pero no era tan fácil. Ya aquella se había repuesto del asalto por sorpresa que le produjo un momentáneo descalabro a su autoridad, por lo que, vengándose en el más débil, retomó su aire de dueña y señora de sus tierras para ponerlo en su lugar, diciéndole con deliberada retrechería:

¡No hay! El que pone el papel no ha llegado. Pídale a su compañero, que estoy ocupada.

Hay tanto silencio a esa hora que, desde su cubículo, el compañero (líder de la revuelta) pudo seguir su fracasado intento en mostrar autoridad, su despechado gruñido, el suspiro frustrado. Aquel regresaba derrotado de su intento de emanciparse del yugo de la dueña de los baños cuando escuchó el piadoso grito de ¡Jefe! ¡Tome!, a la vez que vio una mano asomarse con un desordenado puñado de papel, como un estrafalario títere, por encima de la puerta del cubículo ocupado.

Agradeció el gesto y se apresuró a tomar el papel que le ofrecían con un «gracias», resignado y por lo bajo, encerrándose en su cubículo a mascullar su derrota, mientras la señora, hermana de los porteros de las discotecas, prima de las secretarias del jefe y tía política de los cuidacarros, retomó su trabajo y, satisfecha de haber reconquistado su poder, comenzó a tararear alegremente una canción de moda, atenta a la posible contraofensiva venida del baño de los caballeros.

El hombre, que hubiese estado dispuesto a pasar agachado en su derrota, lo tomó como una provocación, por lo que, tratando de buscar solidaridad en la resistencia, comentó desde su encierro, todo lo duro que pudo:

Esa mujer sí es grosera. ¡Qué le costaba buscar el papel! ¿Verdad?

Un poco por solidaridad, y otro también porque intuía el contraataque, su compañero coincidió en la tesis de la provocación, por lo que le secundó el comentario, y se quedaron ofreciéndose ejemplos, a viva voz, cada uno en su cubículo, de lo odiosas que son las dueñas de los baños.

El poder, ya se sabe, no produce placer. Produce adicción. Una adicción tan incrustada en nuestra sangre como el milenario arte de señalar con la boca.

Un clavo en lo alto de una pared

NO SE TRATA DE CARACAS. Desde hace tiempo el asunto adquirió visos de epidemia. Valencia, Barquisimeto, Maracaibo, Ciudad Bolívar, Puerto La Cruz... hace un buen rato que muerden. Y dejan la marca de los dientes. La misma Maracay, aquel otrora bucólico potrero que hacía de sede del poder en tiempos de Gómez, la conocida Ciudad Jardín, desde hace un buen rato que, si te descuidas, arranca el tajo.

Todas hacen su aporte al documental: Venezuela caníbal.

Kabir ha tenido sobradas oportunidades para entenderlo. Haber vivido buena parte de su vida en un barrio del sur de esa ciudad le ha dado suficientes cupones para esa promoción. Sobre todo porque no es de esos que resuelvan sus asuntos con las manos. No, al menos, esos asuntos que exijan velocidad y violencia. Es, al contrario, un tipo liviano. De trato y peso. Tiene 25 años, pero aparenta menos. Es diseñador gráfico. Vive con la mamá.

Se dan una idea, ¿no?

Kabir retiró del banco un dinero que debía entregar a su hermano al día siguiente. Un amigo lo había invitado a un *petit comité* en su casa. El entusiasmo ante las perspectivas que encierra la frase «alcohol abundante» hizo que, aunque pasó primero por su casa para bañarse y cambiarse de ropa, olvidara sacar el dinero del bolso antes de volver a salir. Es decir, que andaba por las calles de Maracay paseando con una apetecible cantidad de dinero.

Sensato hubiese sido devolverse. Pero a los 25 uno es atómico, indescriptible, incesante, rabioso, invulnerable, no sensato. Aun siendo un flaco con pinta de artista bohemio. Echó un vistazo de reojo a una vitrina y decidió que esa imagen que le devolvía el reflejo no era ni de lejos la de un candidato a secuestro *express*. Esa idea le resultó graciosa. Tanto, que le hizo olvidar el calor. Tanto, que le entró esa risita nerviosa que a uno le da cuando se echa un chiste en silencio y que, mientras más intenta reprimirla para no parecer loco, más acude a nosotros. En fin, que llegó sudando al terminal y de allí tomó el bus que lo llevaría a la casa del pana, donde llegó riéndose de la idea de ser víctima del hampa.

Bebieron toda la noche, como corresponde a esa edad suicida en que se desprecia cuidar la vida. Malditos, hiperbólicos, descomedidos, bebieron hasta sudar el alcohol. Literalmente.

Su nivel etílico era tal que, si se les hubiese aparecido un cuervo en el patio donde bebían como cosacos, perfectamente podrían haber escuchado, en sus graznidos, una y otra vez, la palabra *Nevermore*.

Salió de casa del amigo en cuanto la luz del sol comenzó a alumbrar la calle. Ya lejos de la euforia, de la seguridad que da el frenesí que se potencia cuando se juntan para espantar sus temores, recordó que cargaba consigo el dinero que había sacado el día anterior del banco. Mucho para cargarlo paseando. Demasiado para el tamaño del canguro que arrastraba, valdría añadir. El asunto tuvo el efecto de un involuntario *ice bucket challenge*. Es decir, exudaba alcohol pero estaba todo lo sobrio que la súbita paranoia le infundió.

Ya el chiste del secuestro *express* no le daba risa. Sobre todo cuando se montó en un bus que lo llevaría al terminal y vio, desde que estaban en la parada, a los dos tipos con aspecto de haber abandonado Tocorón recientemente sin permitirse ni un segundo de reflexión sobre sus malos pasos, ni haber hecho el más mínimo intento por enmendarlos.

Se preguntó por qué los choferes de buses ven todo menos lo que está a la vista. Se preguntó cómo distribuye sus jornadas diarias la policía de Maracay. Se preguntó cuándo iría a madurar y, al no tener respuesta a ninguna de esas preguntas, optó por calcular las oportunidades que tendría de bajarse en la siguiente parada en caso de que los bichitos se montaran. Se reprochó no ser más decidido en las situaciones que lo ameritaban. Los vio subirse y sintió sus piernas pesadas como de concreto. Entró en pánico cuando los vio caminar por el pasillo, como buscando a alguien. Intentó rezar, pero no recordó cómo arrancaba ninguna oración.

El procedimiento es tan típico que aburriera si no es porque aterra. Se montan en silencio, viendo hacia los pasajeros. Uno a cierta distancia del otro. El primero se sentó en el asiento de al lado de Kabir, que estaba vacío (habían muchos asientos vacíos antes de llegar a él). El otro siguió hasta el final del bus.

Kabir olió el peligro. Sintió que el bolso que cargaba era transparente y, el dinero, de neón. Mirando por la ventana, toda su concentración se centró en el momento en que el tipo lo abordara. Y no tuvo que esperar mucho.

¿Sabes qué, menol? Te picharon. Dame el celular y lo que tienes en el bolso.

Es decir, tiró la parada.

Ya se comentó que la paranoia le había quitado el efecto del alcohol. Es decir, no estaba borracho cuando, sin haberlo pensado, le respondió:

Nojoda, pana, ¿me vas a robar a mí? Yo soy tan pelabola que cargo este pote. Además, tengo que estar en un autobús con este calor y calándome a Arjona.

Es decir, también tiró la parada. Pero en modo automático.

El tipo lo estudió, perplejo, durante un par de segundos (el tiempo, ya se sabe, es relativo) y, dándole una palmada en el muslo, le dijo sonriendo:

Tranquilo, papá, no te vamos a robá.

Y se fue a reunir con el socio.

Kabir se mantuvo inmóvil el resto del viaje sin entender la magnitud de su suerte. Acaso logró entender que a) tirar la parada es uno de nuestros ejercicios más cotidianos, nuestra manera de entendernos con la vida y el azar, y b) cuando se bajó en el terminal parecía una garza renca desfilando en un concurso de franelas mojadas.

Caminando por el terminal entendió que, además de las piernas, tenía una mano agarrotada. Esa, la que se aferraba al marco de la ventana del bus como si fuese un clavo en lo alto de una pared tan larga como un viaje en un recogelocos.

La nube que nos persigue

EN UNO DE SUS MOMENTOS DE MAYOR DELIRIO FUTURISTA, al dictador de entonces le vendieron la idea de construir un centro comercial para carros. Sí –los delirios megalómanos no son nuevos entre nosotros–, un centro comercial para carros. Así, como en *Los Supersónicos*, que la gente nunca se bajaba del carro hasta llegar a su casa, solo que aquellos iban por el espacio que, como dispone de las tres dimensiones, posee millones de «vías», y los carros, en cambio, tienen serias limitantes con respecto a este punto.

Que no basta oxígeno, nitrógeno y argón para construirlas sería apenas la primera.

El dinero de los pobres

No son las ocho de la mañana y la cola del Metrobús que va a Caurimare desde Los Cortijos parece una representación de la serpiente que se muerde la cola. Un pasajero más (a estos también debería llamárseles «pacientes», que el tiempo durante la espera no es nada pasajero) y será difícil saber dónde comienza y dónde termina.

Luego de casi una hora, llega finalmente el Metrobús. El siguiente paso es hacer avanzar la cola a pesar de otra, discrecional y paralela de «la tercera edad[1]», poblada de gorditas por gula, canosos prematuros y descarados a secas, que se forma a un costado de la principal, como si fuese una deformación congénita, un apéndice parasitario, de la serpiente. El conductor pensará que ya bastante tiene con lidiar con el tráfico para, además, educar al ciudadano en las ventajas que ofrece al colectivo renunciar a la viveza criolla y respetar al prójimo.

Por tanto, «arreglen su asunto ustedes», parece decir, mientras observa por la ventana la avenida, pensando en esas vacaciones que no ha podido tomar.

Luego de asegurarse de que no cabe un pasajero más, el Metrobús comienza su precaria marcha de elefante reumático. Todo el proceso, desde la espera hasta el arranque, dura casi hora y media. Tómese en cuenta este dato para tratar de entender lo que sucede a continuación. El Metrobús se desplaza unas pocas cuadras bajando tambaleante por Los Cortijos y llega a su primera parada. Estamos hablando, como ya se acotó, de más de una hora de espera y de unas pocas, concedamos cinco, cuadras.

En esa parada se bajan no menos de diez personas, de todas las edades.

¿A alguien más le suena descabellada esa conjunción de datos? Sí, en efecto, las aceras parecen pistas de aterrizaje bombardeadas. No, no se discute, tendrían que tener muros de un metro para que las motos no las tomen como una extensión de la vía. Pero estamos hablando de casi hora y media para ganar cinco cuadras.

No mintió quien apuntó, con odiosa franqueza, que el tiempo es el dinero de los pobres.

El transporte público es la medida

Houten, un pequeño pueblo de Holanda, tiene un sistema de transporte que privilegia la bicicleta. En sus calles, surcadas de pasos

---

1   Ese de los viejitos o ancianos es el rubro más apetecido para ensayar eufemismos absurdos, en esta ola de lenguaje «políticamente correcto» que se ha impuesto en la actualidad: términos como «adultos mayores» y «personas de la tercera edad» palidecen al lado del invento de llamarlos «juventud prolongada». Curiosamente, esta es otra moda que importamos de Estados Unidos.

peatonales y ciclovías, los vehículos deben salir y entrar a la ciudad por vías que la circundan, para ir de una casa a otra. Hamburgo, por su parte, planea librarse de los carros en el 2030. Francia paga un bono adicional a los empleados que vayan a trabajar en bicicleta. «Caminar más, contaminar menos», es una idea comprendida por sociedades que vieron la cercanía del abismo y corrigieron su manera de entenderse con la ciudad, lo cual no resulta utópico si se entiende que el privilegio de vivir en ellas supone sacrificar la comodidad individual en aras de la colectiva.

Pero nuestro país posee un raro sentido de la modernidad. En nuestras ciudades no solo se ponen trabas a caminar y se insiste en estimular el uso del carro, sino que muchas urbanizaciones, como en el sueño del centro comercial para carros, no tienen aceras, sino salidas de estacionamientos a la calle.

De hecho, te castigan por no tener carro. Salvo Caracas, cuyo Metro le permite al ciudadano de a pie andar por la calle hasta un poco después de las once de la noche (obviando el aspecto de la inseguridad, claro), en el resto del país el transporte público desaparece a las siete de la noche. El que no tenga carro o dinero para un taxi puede irse olvidando de hacer uso de momentos de recreación nocturna.

Alguien afirmó en una ocasión que los países desarrollados no son aquellos en los que los pobres tienen carro, sino en donde los ricos usan transporte público.

Sube el vidrio

Ni se puede amar a una mujer que no se conoce, ni conocer a una ciudad que no se camina. Una de las perversas consecuencias de la extrema inseguridad en la que vivimos es que ha alejado al venezolano del contacto con su ciudad. Como el que prefiere no desordenar las gavetas del recuerdo, ha llegado al punto de sentir que mientras menos sepa de ella, más seguro se siente.

La evita como si fuera la enfermedad y no la enferma.

Y ese síndrome se manifiesta con más claridad entre los que andan a diario en su vehículo propio. Porque, ¿quién que se sube a su carro con los vidrios arriba en el estacionamiento de su edificio y se baja cuando llega al estacionamiento de su oficina, puede decir que «anda» en su ciudad?

Por supuesto, hay casos harto justificados, como Maracaibo, en donde la gente se criogeniza en neveras ambulantes para desplazarse a las neveras donde trabaja, donde compra, donde come, donde duerme... Porque, es eso, o es el diabólico tabardillo maracucho.

Pero obviando esas necesarias excepciones, ¿cómo se perciben los tonos, las atmósferas, las sensaciones inarticuladas que forman el lenguaje de la ciudad, dentro de la temperatura controlada de un carro, con música a todo volumen para no escuchar los ruidos y vidrios ahumados que le quitan una de las pocas cosas bellas que tiene, que es su colorido? ¿Cómo se entiende la gente con una ciudad a la que se niega a escuchar?

El que pasa cuatro horas diarias en una cola, de su casa al trabajo y del trabajo a su casa, metido en su carro, maldiciendo a motorizados que le golpean el retrovisor, se desplaza a través de la ciudad pero aislado de ella.

A pesar de todo, a falta de poder soñar con su casa propia, el venezolano sueña con tener su carro propio, para igual sufrir las colas, pero en su infierno privado, aislado del público. Aunque el precio sea sufrir además por los precios de los estacionamientos, de los repuestos, de la anarquía de motorizados y de los sospechosos buhoneros que venden libros de Coelho en las autopistas.

¡Sube el vidrio, que por ahí viene una moto!

No me ayude tanto, compadre

Se podría argumentar que el mal servicio del transporte público y la poca seguridad que ofrece hacen que tener carro para ir al trabajo todos los días sea una aspiración razonable. Pero es sabido que las soluciones más inmediatas, con el tiempo, vuelven más complejos los problemas.

Porque el problema final será saber qué haremos cuando la ciudad sea un estacionamiento gigantesco. El que pasa casi dos horas en una cola desde el Concresa hasta Altamira, por poner un ejemplo, sabe que no estamos lejos de eso. Sobre todo si, montado en su Metrobús, atrapado en una cola gigantesca, observa a su alrededor y constata que, de los cuarenta carros que están alrededor, una gran mayoría lleva adentro solo una persona.

¿Consecuencias de una de las gasolinas más subsidiadas del mundo (Bs. 0,097 por litro)? ¿Producto de una ciudad concebida para el carro por un militar que entendía por «moderno» un paisaje poblado de autopistas?

De hecho, su sueño se cumplió parcialmente: en las colonias del sureste de Caracas se vive en edificios aislados conectados por precarias vías, sin posibilidad de comprar nada en los alrededores. Hasta para adquirir pan hay que montarse en el carro. Una urbanización no articulada con la ciudad no forma parte de ella.

Lo cierto es que el asunto es tan nuestro como las empanadas de pabellón y guardar el puesto en la cola de la caja del automercado con la cesta mientras se va haciendo mercado.

Rumildo es como tú

Con la oleada de talentos venidos del sur durante la década de los setenta, llegó un actor chileno, sobrino nieto del psiquiatra suizo Carl Gustav Jung, llamado Julio Humberto Gonzalo Benito Jung Del Favero, mejor conocido como Julio Jung, quien vivió en nuestro país entre 1973 y 1984, el cual, durante ese tiempo, además de hacer cine, teatro y televisión, encarnó para una campaña institucional de televisión a un tipo sedentario y adicto al carro, conocido como Rumildo.

Rumildo devino en un personaje inolvidable, no solo por la simpática caracterización de Jung, sino por encarnar un rasgo típicamente venezolano: la adicción al carro. Cuarenta años después, Rumildo todavía es capaz de subirse al carro un domingo en la mañana para comprar el periódico y el desayuno, a cuatro cuadras de su casa. Él es él y su carro. Caminar no es lo suyo. Rumildo odió el día de parada. Rumildo es capaz de comprarse un muñeco de goma para pasar el VAO.

Rumildo no tiene ciudad, pero tiene carro.

Atención al Oráculo

Según cifras de la asociación que agrupa a los fabricantes de repuestos para autos en Venezuela, de los 4 millones que existen en el país[2], por Caracas circula a diario la asombrosa cantidad de 1,7 millones. Para expresarlo de forma más elocuente, el 37,9% de los carros que existen en nuestro país se concentran en el 1,1% de su territorio. A esto (hágase una marca casi al borde del dedo índice usando para ello la uña del dedo pulgar) de ser un gigantesco estacionamiento con los motores encendidos.

Si eso no es un suicidio colectivo se parece bastante.

«El tráfico de Caracas es terrible. La única manera de resolverlo sería limitando la compra de vehículos, pues diariamente aumenta su número en una ciudad ya asfixiada –y esto no en sentido figurado–», advirtió el poeta Rafael Cadenas en una entrevista que concedió para una revista de la Escuela de Letras de la UCV en octubre de… 1980.

Como a la vida le gusta jugar a las adivinanzas y otras chucherías simbólicas, el centro comercial para carros que se proyectó en tiempos del dictador megalómano (disculpen la redundancia) terminó convertido en una cárcel.

Mejor metáfora no pudo haber construido nuestro poeta.

---

2   Oferta válida solo durante el año 2012, porque el Gobierno, en lugar de invertir en transporte público y seguridad, cada vez que quiere coquetear con la clase media, estimula créditos para adquisición de vehículos (que ya no se consiguen, por cierto).

Andar es esquivar

LOS NEGROS NO SOLO SE APROPIARON DEL BASQUETBOL, que fue un deporte inventado por un profesor blanco para sus alumnos blancos, sino que lo reinventaron. Con toda su carga de violencia, velocidad, cadencia, plasticidad, sentimiento de exclusión, deseos de volar y códigos callejeros. Tanto, que forma parte de su iconografía pop. El básquet, jugado por negros, suena a hip-hop y tiene un nuevo quiebre.

Y no es en vano que esta sea la música más global de estos tiempos. Razas segregadas y adolescentes del mundo comparten un mismo sentimiento de exclusión y de lucha contra el poder. Y puesto que los adolescentes y los pobres son las mayorías, nadie podría dudar de que se trata de la música de las mayorías, en todo Occidente.

Tener la plasticidad de saber esquivar con elegancia, sin perder el ritmo, o el balón, encierra la clave de su aporte a esa reinvención, tanto deportiva como estética.

Cuarenta centímetros de acera

El espacio que queda entre el muro de la casa y la hilera de pilares encadenados, para que no suban carros, será de un poco más de un metro. Los pilares reducen notoriamente el ancho de la acera, hasta el punto de hacerla casi intransitable, pero es un sacrificio razonable. Es eso, o que la acera se reduzca a los veinte centímetros que dejarán los conductores para abrir la puerta y salir por ahí, luego de estacionarse sobre ella. Lo increíble es que en ese espacio de un poco más de un metro, un motorizado se las arregló para estacionar su moto, dejando a los peatones la generosa cantidad de cuarenta centímetros para su uso.

O un tercio de ella

Unos buhoneros decidieron que el mejor sitio para desplegar sus gaveras plásticas colmadas de aguacates, plátanos y mangos es precisamente a la entrada de la pasarela. Su olfato comercial les indica que donde la gente reduce su apurada marcha para subir o bajar escaleras es el sitio perfecto para exhibir sus «ofertas». Lo peor no es que ellos reduzcan un punto de confluencia peatonal a dos tercios de su espacio. Lo incomprensible, lo absurdo es que las víctimas de ese abuso ocupen otro de los dos tercios restantes para detenerse a admirar, regatear y adquirir la mercancía.

O nada, solo la basura

La idea parecía buena. Pero en nuestra ciudad las mejores intenciones terminan siendo inoperantes, inútiles o caducas. Se trata de los contenedores de basura que colocó la alcaldía de Libertador. Cuando fueron situados sobre las aceras, los vecinos sintieron que bien valía que la misma se estrechase sensiblemente cada tanto si a cambio la basura iba a estar almacenada en unos enormes cajones, en lugar de formar montañas pestilentes que obligaran al caminante a moverse entre nubes de moscas y lagos de colores y olores indescriptibles. Pero la realidad siempre termina por llevarnos la contraria. Ahora, además de lidiar con esos cajones que parecían suficientes para albergar la basura de toda la cuadra, los vecinos deben soportar que, en torno a ellos, se amontone la misma basura que colonizaba la acera, con la diferencia de que los contenedores seguirán ahí, pase o no el servicio de aseo urbano.

Esquivar. Si existe en esta ciudad un verbo indisolublemente unido al de caminar, es ese. Y si estamos apurados, el asunto toma ribetes de *cross-country*. Andar, caminar, recorrer, transitar, ir, pasear, vagar… aquí se reduce a «esquivar». Y como el espacio siempre es reducido, el asunto es un juego de «caminar como un egipcio». Buhoneros, carretillas, señoras que parecen pastar, gente que transporta largas vigas entre dos, carros de mercado, perros, gracia-de-perros, basura, heladeros, vendedores de forros de celular con sus exhibidores ambulantes, vivos que van a contravía en las transferencias del Metro, vendedores ambulantes de café con sus bolsas de termos, motorizados que andan por las aceras, huecos, alcantarillas rotas o sospechosas, «trabajos» que algún organismo público comenzó hace meses y quedó repentinamente sin presupuesto… La zancada larga y la torsión aceitada son dos herramientas fundamentales para ir por nuestras aceras, como el que atraviesa una cancha de basquetbol o un campo de fútbol, arriando un balón.

Sea con las manos o con los pies.

Neurocientíficos de la Universidad de Rutgers, especializados en el estudio del olfato, han descubierto que la reacción al miedo percibido por la nariz puede ocurrir incluso antes de que el cerebro tenga oportunidad de interpretar que el olor podría significar peligro. Cosa que más o menos sabíamos todos, mucho antes de que los científicos de la Universidad de Rutgers lo hayan podido demostrar.

Es por esto que no solo se esquiva lo que se ve, lo tangible. Como en el siguiente caso: una familia regresaba a casa luego de una tarde de paseo, y ya habían escogido de antemano una vía pero, comenzando a andar, algo que no vieron pero que percibieron, una nube invisible a la distancia, los hizo cambiar de opinión y se decidieron, sin mayor porqué, por la otra vía.

No habían andado ni veinte metros cuando se escucharon unos disparos que provenían de la vía desechada por su intuición.

Un intento de atraco terminó en un tiroteo con unos policías que pasaban.

Funky, hip-hop, house, disco, breakbeat... No importa el ritmo, lo importante es tener claro que para andar por estas calles no solo se debe tener cintura de boxeador, sino intuición de gato. Y esquivar. Tarantines, enemigos inesperados, balas, malas intenciones, guarimbas, indirectas, motos, alcantarillas rotas.

Esquivar para avanzar, ese es nuestro deporte.

Naturalezas muertas

Un amigo venezolano radicado en Londres escribió a un compatriota que vive en la misma ciudad para saber cómo le había ido en Caracas, ciudad de la que este último acababa de llegar luego de no haberla visitado en siete años. El compatriota le respondió con las quejas más o menos esperadas, lo cambiada que la encontró, lo deteriorada que se veía, lo temprano que quedaron desiertas sus calles, el miedo cada vez que se le acercaba un motorizado. Hasta compró como real la leyenda urbana según la cual un amigo de un amigo se montó en un mototaxi y, mientras rodaban, el mototaxista no pudo desaprovechar la oportunidad de atracar a alguien cuyo carro quedó atascado en una cola.

Pero lo más enfático del correo fue su sorpresa acerca de lo «deportivo» (ese fue el término empleado) que se había vuelto el festival de «operaciones estéticas» que encontró entre las venezolanas.

En el correo se quejaba de la «cantidad de mujeres capaces de invertir sumas más o menos considerables de dinero» en operaciones de modificación de su aspecto físico, en un país en el que la tasa de asesinatos es de 73 personas por cada cien mil habitantes.

A juzgar por su correo, se ve que estaba actualizado con las cifras de la violencia criminal en nuestro país, pero lo que de seguro no sabía es que también existe una cifra negra de personas fallecidas a raíz de complicaciones producidas por esas operaciones. Es decir, que en un país donde la noticia de cada día es la muerte de unos sesenta conciudadanos de forma violenta, todavía hay quien se anime a poner su vida en riesgo en una operación, no siempre en las condiciones ideales, con tal de alcanzar su ideal de aspecto más atractivo.

Un ideal, vale decirlo, basado en una cada vez mayor prodigalidad de carnes, que alcanzó su clímax en la imagen de ciertas chicas que se hicieron notorias en la opinión pública luego de conocerse su relación amorosa, de negocios, de gusto por la desmesura, con ciertos jefes de cárceles venezolanas.

Es importante acotar que ese punto supuso alcanzar una frontera tan infranqueable, un desgaste tal del asunto, que propició el punto de quiebre de una estética que, de tanto pretender subrayar terminó, digamos, tachando.

El detalle anterior es significativo. Después de todo, lo importante entonces no era hacerse la operación, sino que se notara. Es decir, que no se trataba de hacerse retoques para lucir una belleza que pasase por «natural», sino de ostentar sus intervenciones quirúrgicas para demostrar que se pudo pagar esa belleza postiza, cuyo *look* se podía complementar con uñas postizas, color de ojos postizos, cejas postizas, cabello postizo, carnosos labios postizos, afilados pómulos postizos, cintura postiza tras la extracción de una costilla y, según se llegó a conocer, hasta trabajos de ortodoncia postizos.

Rery y Nicole son dos chicas que visitaron Caracas, procedentes de Berlín, en el marco de un proyecto destinado a compartir los problemas que, en sus respectivas sociedades, enfrentan los jóvenes latinoamericanos y alemanes. En algún punto de su estadía perdieron sus maletas y se vieron obligadas a realizar una compra urgente de ropa, por lo que se dirigieron a un centro comercial caraqueño.

Allí se toparon, involuntariamente, con el primer notorio punto de comparación entre las respectivas sociedades: los maniquíes de las tiendas de ropa del lugar ostentaban pechos de monumentales redondeces, cuya talla no bajaría de un 38C al ojo, muy por encima de las proporciones que ellas cargaban consigo.

Lo que tampoco sabían entonces es que no se trataba de la talla media natural de las venezolanas, sino más bien de una suerte de aspiración producto de una moda, del gusto de una época. Aunque, efectivamente, la que lo podía pagar, se colocaría gustosamente a la altura (digamos, más bien, a la dimensión) de sus aspiraciones.

Al día siguiente, el amigo venezolano recibió otro correo de su compatriota, invitándolo a un café. Se citaron para esa misma semana y, cuando se encontraron, descubrió que el ánimo del mismo no estaba para café. Sentados en una barra, y una vez atacadas las generalidades de rigor, su tono adoptó un aire más cómplice y nostálgico. Volvió al tema, pero no ya desde ese tono sociológico y de indignada denuncia empleada en el correo anterior.

Tras sus palabras latía, más bien, un dejo de despecho. Había vuelto a Caracas, le confesó, enredado en una ensoñación sobre los publicitados encantos de la mujer venezolana, amplificados por una nostalgia de las novias de su juventud. Creyó ir al encuentro de una superlativa variedad de tonos y tipos que, como todo lo que se saca de una gaveta de la memoria, juraba haber conocido.

Juraba, eso decía, que podía recordar con claridad las singularidades de las mujeres que había amado. Esos que ellas consideraban sus defectos eran para él una especie de etiqueta para el archivo de la felicidad. Aquel diente ligeramente serrado, aquella nariz exhibicionista y orgullosa, aquellos pechos que no se ponían de acuerdo en cuanto al lugar al que apuntaban, esos muslos llenitos que descansaban sobre unos tobillos como de cebra. Muchos huesos, pocos pechos, caderas desmedidas, gorditas de sexualidad juguetona, flacas lánguidas... infinitos tipos y formas, como un inventario de nubes desconocidas.

La belleza del sexo opuesto, sentenciaba con pena, estriba en su infinita variedad de formas. Había ido a Caracas en busca de eso y se había encontrado, con desilusión, con una obsesiva repetición de una misma mujer que, de paso, nunca conoció.

En *El libro de los vicios*, Adam Soboczynski, nacido en Polonia y radicado, precisamente, en Berlín, advierte que cuando se acusa a alguien de tener una risa falsa, realmente se está diciendo que no tiene una risa lo suficientemente falsa, concluyendo que «solo la más excelsa artificialidad parece natural».

Eso, entonces, que intimidó a Rery y Nicole, fue lo que entristeció al nostálgico visitante: la certeza de que la artificialidad, para ser bella, para ser excelsa, debe parecer natural. Lo contrario sería, como le dijo a su compatriota en la tercera cerveza, como enamorarse de un maniquí.

Y de los que están de moda, para mayor calamidad.

Terror al silencio

Hay sonidos únicos e indescriptibles. Como el de una piedra cuando cae a un lago sereno. O el que hace un árbol seco en el preciso instante en que está a punto de desplomarse. O el del rumor del mar a la primera hora del día. Sonidos que podríamos evocar con solo cerrar los ojos.

Nuestras ciudades, en cambio, no tienen un sonido característico. Su energía se manifiesta en un estruendo en el que se acoplan todos los ruidos que dejó el tortuoso camino hacia la Era Industrial. Es como un museo de todo lo que no debimos hacer en nombre de procurarnos una «vida más fácil».

Pero ya lo hicimos.

Sirenas, cornetas, motorizados, frenazos, buses con escape roto, carros con reggaetón a todo volumen, o esa aldeanamente pretenciosa modalidad de los carros «tuneados» cuyos conductores se juran i-rre-sis-ti-bles… En nuestras ciudades, como en nuestro idioma, todos emiten ruido pero ninguno escucha. Son un exceso sonoro en el que todo el mundo se encierra en su propio estrépito para aislarse de la contaminación sonora que los arropa.

Eso es violencia. Y la violencia cotidiana nos ha cauterizado la compasión, lo cual no es un problema menor. En un insensato razonamiento, prefieren emitir (escoger) el ruido en que se van a aturdir para contrarrestar el que no escogieron.

Por eso, el terror al silencio.

Y es que, al menos en Caracas, la gente sufre y se enferma con el ruido, pero se angustia con el silencio. Ya se señaló en *Caracas muerde*: «Al que se queje del corneteo, de los carros sobre el rayado y de los buses recogiendo pasajeros donde les viene en gana, le convendría quedarse en casa en cuanto el reloj se acerque a las diez de la noche».

Desconfía cuando la ciudad parece detenerse. Es el vivo ejemplo de la calma que precede a la tormenta. A veces sospecho que el pavor que produce el silencio en el caraqueño tiene relación con el temor de poder escuchar a mayor distancia y llegar a descubrir calamidades que se acercan.

Como si dijeran que bastante tienen con las que ocurren en la esquina, como para tener que enterarse de las que suceden a tres cuadras.

Una muchacha no lograba entender que, en su nuevo apartamento, los vecinos se molestaran cuando ella ponía música a un volumen enérgico para acometer su alegre jornada de limpieza en la compañía de su repertorio de salsa «romántica».

¿Cómo limpia una si no es con su musiquita?, se quejaba.

Y ese gusto por la música a todo volumen no distingue grupo social. Ni credo, porque los evangélicos cuando dicen «a alabar a Cristo» lo hacen con pasión.

Y está el que supone que su inseguridad viril puede taparse con el ruido que hace su motor. O las campañas electorales que creen que gritando más alto convencerán a mayor número de conciudadanos.

O las sedes ministeriales, que apoyan decisiones gubernamentales con una andanada de cohetes y fuegos artificiales. O el perifoneo de camiones que venden frutas. O el deleite que produce en algunos el uso de explosivos (no pirotecnia: tumbarranchos, fosforitos y todo un arsenal de alta peligrosidad) durante las festividades navideñas.

Pero lo peor que nos deja esa necesidad de aturdirnos, de escondernos en nuestra propia bulla, es que trasladamos nuestro terror al silencio a todo espacio público. Ya es común que los restaurantes tengan un televisor permanentemente encendido. Y las zapaterías música a alto volumen. Y un necio conversando por el celular en el asiento de atrás o el de al lado, en el cine. Nadie está donde parece estar. Todos están sumergidos en un salvador ruido.

La gente vive hostigando al silencio. No lo soporta.

Hay una hora de la noche en la cual se escuchan con absoluta claridad las pesadillas de la ciudad. Los insomnes conocen muy bien ese sonido. Es una mezcla de todo lo que quedó gravitando, de todos los humores, de los peores miedos. Son los fantasmas que proyectan las rabias, las puteadas, las angustias. Pasos apresurados. Gente que murmura. Alguna sirena a lo lejos. Perros ladrando. Gatos copulando. Algún ramalazo indescriptible que excita las peores presunciones...

En la madrugada, cada tanto, se dejan escuchar inmensas bocanadas de aire que atraviesan el valle de punta a punta, indiferentes como un tren fuera de servicio, arrastrando todo cuanto se les atraviesa. O casi, porque son incapaces de llevarse el miedo. Los que no pueden dormir escuchan las rutinarias estampidas del viento, anclados al miedo que gravita sobre la ciudad, mientras piensan en las deudas, en la maldad, en el día que se avecina, en la mala conciencia, en la muerte que invariablemente ronda, en el silencio que siempre será sospechoso de algo.

A veces también son los conductores que van a guardar los microbuses, o alguno que otro eventual solitario, quienes atraviesan la madrugada con música a todo volumen, como para no tener que fatigarse estando atentos. Para que la emboscada llegue de sorpresa.

También sucede que es tanto el ruido que tenemos dentro de nuestras cabezas, tanto el que hemos acumulado en años de intoxicación sonora, que en las noches, cuando afuera solo hay silencio, nos atormenta todo eso (no único aunque sí indescriptible) que sale de nuestra cabeza y amenaza con hacernos enloquecer.

¿Alguien dijo servicio?

En Venezuela quemamos nuestra vida útil haciendo interminables colas. Quien haga el cálculo del tiempo que ha dedicado a esperar por ser atendido en nuestro país, tendrá serios conflictos con el mentado «sentido de la vida».

Por eso, en cuanto la señora entró al local, se sintió afortunada. Acaso doce, no más de quince, somnolientas personas la precedían. Cuando le tocó su turno entendió que cantó victoria antes de tiempo. No, esa diligencia no se podía resolver en esa oficina. Que vaya a otra. La señora preguntó a la empleada de la taquilla «¿en qué otro lugar funciona una oficina abierta los sábados?». La mujer, diciendo un «siguiente» mientras miraba a su escritorio, fingió no escucharla. La señora, impasible, viéndola a la cara, se mantuvo frente a ella esperando una respuesta. La de la taquilla, al levantar la vista, vio con extrañeza que la señora seguía ahí.

Para evitar preguntas (aquí se eliminó, por redundante, el adjetivo «fastidiosas»), lo mejor es poner cara de desdén. La hostilidad es la mejor arma disuasiva, señala el viejo libro negro de «atención al cliente». Un «¿ah?» con ceño fruncido se astilló en su boca. La señora, curtida en esos menesteres, repitió su pregunta. «No te sé decí, mi amor», dijo la cajera luego de devolver la quijada a su apretado lugar frente al pecho, para responderle al escritorio.

¿Alguien dijo servicio?

Un estudiante fue a una tienda buscando un *mouse* inalámbrico. Vio varios en la vidriera y, como invitaba el conocido letrero, entró y preguntó. «Entre 200 y 400» respondió la vendedora a su escritorio, de donde al parecer tampoco podía quitar la vista. Cuando el estudiante quiso indagar exactamente cuál era el costo específico de cada uno de los que exhibían, la muchacha alzó la vista y, con una mezcla de angustia, ansiedad y fastidio en el rostro, lo encaró con un: «Dígame cuál quiere y yo le digo el precio».

El muchacho, que estudiaba Informática, tenía muchas preguntas en mente, como a qué se debían las diferencias de precio, cuál es el alcance de cada uno, qué tipo de pilas llevan... La abismal distancia entre su deseo de recibir la mayor cantidad posible de información antes de invertir su dinero y lo que, según la expresión de la vendedora, debía ser la miseria de comisión que le tocaría por una venta que dejaba de justificarse en cuanto tuviese que esforzarse siquiera un poco, se convirtió en un obstáculo insalvable, por lo que el estudiante salió del local sin *mouse* y con muchas dudas técnicas que nunca serían resueltas.

¿Alguien dijo «atención al cliente»?

Los testimonios y anécdotas del «servicio» venezolano son cotidianos, profusos e insólitos. Están los que peregrinan sin esperanza por un accesorio que trajo su celular (cargador, audífonos, pantalla). Y los que hacen largas colas en los bancos, y en las de todos los servicios públicos, entrenándose en el estoico ejercicio de soportar eso que aquí se conoce como carajeo. Y los que intentan hacer valer las «garantías» de sus equipos de computación, dentro del tiempo establecido.

Y, a pesar de todo, si más de cinco venezolanos se encuentran en circunstancias similares, de algún lado saltará el chiste que relaja la pena, como si entenderse estafados, burlados, negados, fuera demasiado humillante para tener que reconocerlo. Como si el hecho de no hacer nada para hacer valer sus derechos con más energía fuera una culpa lo suficientemente vergonzosa que es preferible eludir elegantemente con chistecitos casuales, como el que está ahí porque quiere y no porque otro lo está haciendo esperar con su mal servicio.

En nuestro país el mal servicio forma parte de nuestro modo de entendernos con los demás, los que no son panas. La realidad es que, muy frágiles para tanta densidad poblacional y tanto ruido y tanta violencia y tanta velocidad, se les fue el gas. Es decir, se entregaron, derrotados, a la violencia reinante. Su escaso sentido de la civilidad era un soplo que no pudo con la tradición del caporal.

Gisela Kozak, quien ha estudiado a fondo la condición «chévere» del venezolano, ofrece algo de luz sobre este rasgo tan característico nuestro, cuando afirmó que las sociedades que han sido esclavas son retrecheras y groseras por naturaleza. Es como si no hubiesen superado el trauma y, cansadas de obedecer, están decididas a hacer, léase bien: lo-que-les-da-la-ga-na.

Otra teoría asevera que probablemente las dificultades que tenemos para manejarnos con el concepto de atención, de servicio, tiene una estrecha relación con la propaganda que hemos recibido durante muchos años de país rico, de abundancia, que hace ver en el ejercicio de atención al público algo ofensivo y denigrante. Y tiene sentido en esa pobre lógica: si este es un país rico, yo soy un ciudadano rico; y si soy rico estoy para que me sirvan, no para servir.

En fin, sea por las razones que sea, atreverse a soñar con un trato educado, cálido y respetuoso o intentar devolver algún producto comprado exigiendo el dinero a cambio, obedecen a un candor que despierta ternura. Hay una edad para entender todo desencanto y a este también le llega la suya: en Venezuela el cliente nunca tiene la razón. Se le extravía tratando de entender una lógica, cuya arista más absurda no es que los vendedores prefieran ganar la venta a ganar el cliente (eso, si acaso), sino que aplican un pésimo servicio como si ellos nunca, pero nunca, van a ser, también, clientes.

Una pared me insulta cada vez que la miro

Habla con chicos, incluso en los doce, trece años, y podrás sentir cómo dentro de ellos vive aún el anhelo de un mundo amable. Parecen estar en el preciso instante de tomar, o no, el camino que los conducirá al pueblo donde viven la mayoría de los adultos: la entrega de la esperanza, el acomodo, el egoísmo.

Pero que, aun con todo en contra, quieren creer en algo.

No se han decidido porque secretamente quieren creer que la vida puede ser otra cosa. Así por fuera se disfracen de duros, quieren creer. Pero el mundo hace todo lo posible por demolerles esa hermosa certeza. Y a coñazo limpio, como para que no les queden ganas de volver a hacer la cola.

Anda a un colegio público y verás cómo sienten ellos que deben ser tratados. Y si aprovechas y te das una vueltica por los baños, hasta pondrás al día tu catálogo de palabrotas.

Antón Chéjov, en un hermoso y largo cuento titulado «Una historia aburrida», que narra las reflexiones de un viejo profesor universitario, aborda magistralmente el tema. En un pasaje señala que «la vetustez de los edificios universitarios, la lobreguez de los corredores, el hollín de las paredes, la falta de luz, el aspecto abatido de los peldaños, las perchas y los bancos ocupan uno de los primeros lugares en la historia del pesimismo ruso (...). El estudiante, cuyo estado de ánimo en su mayoría es formado por el ambiente, debe ver ante sí a cada paso, allí donde estudia, solo lo alto, lo fuerte, lo bello... Dios lo guarde de los árboles enjutos, las ventanas rotas, las paredes grises y las puertas forradas de hule rasgado».

El entorno es la pizarra en la cual la ciudad nos habla. De la casa al trabajo, de la casa a la escuela, la ciudad conversa con nosotros a través de las paradas, las rejas de los negocios, los árboles, las vallas publicitarias, la basura, el estado de las aceras... No se trata de elementos lejanos, decorativos. Tienen la facultad de hablarnos directo al estado de ánimo y son capaces de influir en las energías con las que enfrentamos la calle.

Como el arte, producen un discurso, y este es modelador de conductas. Su deterioro extremo no solo nos impele a tirar la toalla en eso de entendernos con la ciudad, sino que además puede hacer sentir a los espíritus más frágiles, como los niños, que no merecen otra cosa que ese abandono.

En ellos el entorno produce la visión más inmediata del mundo que los rodea. Y, por ende, de su visión del mundo todo y su relación con él. Uno piensa en niños en cuyas casas solo se habla de hampa, del costo de la vida, de la condena de ser pobre, y los ve saliendo cada mañana de sus casas en entornos absolutamente entregados al abandono y llegando a escuelas deterioradas, con baños dañados y mal iluminados, y no puede dejar de preguntarse: ¿Qué piensan esos niños de sí mismos? ¿Cuál será su sentido de la esperanza? ¿Podrán creer que hay un espacio para ellos en «el futuro»?

El deterioro es un elemento unificador de todas nuestras ciudades. Y no se diga de los pueblos. Si Venezuela, en general, parece atascada en el siglo veinte, hay pueblos que, como el Karbhoro del que tanto habla el narrador oriental Chevige Guayke, se quedaron en la cuneta del siglo XIX. Esos, que si los pones delante de una vieja foto, creerás que estás viendo a través de una ventana.

Uno piensa en lo difícil que es levantar niños cada mañana para que vayan a la escuela e imagina a ese niño arrebatado de sus sueños, que sale a la calle, de la mano de una madre apurada, encerrado en sus diálogos con las imágenes con las que se va tropezando, conversando (más bien recibiendo su andanada de insultos) con cada acera rota, cada laguna de aguas negras, cada grosero cornetazo y cada montaña de basura atravesada por ratas descomunales. Cuando se decida a responder, marcador en mano, ¿qué otra cosa podría expresar, con qué lenguaje podrá hacerlo, sino con el mismo con el que la ciudad le habla?

Es decir, se deciden y, sin ver atrás, toman el camino equivocado, una vez más. Y tendremos que esperar a otra generación para ver si la cosa se adecenta un poco. Pero no es fácil. El mundo no ayuda. No, al menos, las paredes, las calles sucias, el desaliento de todos los días.

De cartón piedra

EN BUENA MEDIDA, LA NUESTRA ES UNA CIUDAD EDIFICADA no para ser, sino para parecer. Como las nubes y las figuras con sombras. De hecho, en ciertos ámbitos y momentos diese la impresión de que lo más «auténtico» pareciese ser lo que mejor aparenta: edificios que parecen de lujo, restaurantes que parecen finos, empresas que parecen solventes, mecanismos que parecen seguros, guetos que parecen urbanizaciones… Jactarse, presumir, preciarse de, son allí los sucedáneos de «ser».

Y, así como la gente hace la ciudad, la ciudad hace a la gente. Y produce funcionarios que parecen honestos, pobladores que parecen ciudadanos, vigilantes que parecen uniformados, empleados que parecen trabajar; policías, militares, jueces que parecen estar en la acera correcta de la Ley, y así…

Ringtones

La anécdota es de la prehistoria de los celulares. Como sucede con la literatura, no importa tanto que sea verídica como que sea creíble. Y lo es. Un restaurante muy «exclusivo» de entonces, ante la falta de costumbre de lidiar con el insolente sonido de los celulares perturbando la conversación de sus comensales, decidió solicitarles cortésmente a sus clientes que dejaran los aparatos en depósito a la entrada, dado que parte de su clientela no se acostumbraba a esa intromisión tecnológica en sus horas de almuerzo.

La noche del primer día en que entró en vigencia la norma, a pocos minutos del cierre del local, el encargado de recibir y cuidar los aparatos llamó, entre alarmado y confundido, al administrador, para indicarle que varios de esos presumiblemente costosos aparatos no habían sido retirados por sus dueños. Apenas el administrador comenzó sus averiguaciones, descubrió el origen del misterio:

Eran de juguete.

Corazón de piedra

Una flaquita con un pantalón de lycra y una franela ceñida está parada en medio de una acera, en plena avenida Andrés Bello. No son aún las dos y ella aún no alcanza los diecisiete. De perfil tiene más pancita que nalgas. En tanto uno se acerca va viendo a una niña estruendosamente maquillada, como si jugara con los cosméticos de mamá cuando esta no está. En su caso, de seguro, nunca está. Ni estuvo. Fue una estatua sin brazos para proteger ni ojos para vigilar.

Cuando uno pasa a su lado ve sus ojos aparecer detrás de ese deslave de maquillaje. Unos ojos que no parecen estarse quietos en ninguna idea. Enfoca la mirada unos segundos y ve acercarse a un potencial cliente. Calcula su paso y, cuando está lo suficientemente cerca como para que él vea, desliza hacia fuera, como una penetración a la inversa y en cámara lenta, una lengua alegóricamente atravesada por un *piercing* barato.

El gesto, acompañado de esa mirada, más que un guiño mercantil o una contraseña del oficio, exhibe el desguarnecido aspecto de una niña aburrida haciendo travesuras a los transeúntes detrás de la ventana desde donde está condenada a ver la vida pasar. Y eso es lo que sería, si no fuera porque el maquillaje no logra ocultar el hambre, el maltrato, el descuido, las picadas, el radical desamor…

A las estatuas no les ponen corazón.

El encanto de parecer que se tiene

Otra historia, regalada esta vez por un experimentado vendedor de telecomunicaciones, cuenta que una pequeña empresa del ramo recibió una llamada de un cliente que comenzaba un negocio y necesitaba una central telefónica con urgencia. Envían a atender la solicitud a uno de los jóvenes vendedores de entonces, quien nos echaría el cuento veinte años después.

El «cliente» resultó ser un par de jóvenes de su edad que estaban instalando sus oficinas para iniciar operaciones de manera inminente y, para ello, las equipaban con cierta premura. Luego de ofrecerles varios equipos, los cuales eran sistemáticamente rechazados por los socios apenas se enteraban del precio, el vendedor, antes de tirar la toalla, les muestra la foto «de una centralita dañada», que requería mucha inversión para ponerla a funcionar, y que no se las había ofrecido antes porque la reparación iba a resultar costosa.

Los socios ven la foto y se miran. Preguntan el costo y el vendedor se los proporciona, pero cuando va a reiterar que la inversión se triplicaría por los costos de reparación, uno de los socios lo interrumpió, confesándole que «no nos importa que funcione, mano; lo que necesitamos es que los clientes que entren vean una bicha ahí que meta la coba».

Las empresas de maletín también tienen su abolengo.

Bombardeados durante décadas con esa idea de haber nacido en una «cuna de héroes», el caraqueño crece, vive y muere frustrado ante su humilde condición, y esa es, quizá, la razón por la que le avergüenza su naturaleza campechana, amable y generosa, de risa llana y franca, de alegría sencilla, casi aldeana, que vive para sepultar, escondiéndola tras lo que no es, al punto de no saber ya quién sí es.

Muerte en empaques variados

> Quien se quita la vida se quita el miedo a la muerte.
>
> BILL SHAKESPEARE

¿USTED LA VIO?, le preguntó el hombre a la señora que caminaba a su lado, mientras salían de la estación.

¡Claro! Si yo estaba ahí mismito. La muchacha se agachó así, como un gato, midió el tren y se lanzó, respondió la asustada señora.

Apenas el hombre había entrado a la estación tropezó con los operadores que corrían confundidos de un lado al otro, sin saber dónde estaba la emergencia, desorientados por los gritos llegados de los andenes. Al bajar vio el tren detenido a mitad de camino. De inmediato informaron por los parlantes que «debido a un arrollamiento» la estación sería cerrada al público. Es decir, que debía abandonarla cuanto antes.

La palabra «suicidio» es un viejo tabú de nuestra herencia judeo-cristiana. Pero, en general, los pueblos del mundo siempre han buscado la manera de eludirla. No solo el suicidio, sino la muerte misma. Por ello se han inventado cientos y miles de formas de aludirla sin mencionarla directamente. Entre las tantas que existen, resulta ingeniosamente tétrica la francesa *avaler son bulletin de naissance* (tragarse la partida de nacimiento).

Mientras salía se enteró de los detalles. Una muchacha. Veintitantos años. Iba sola. Extrañamente, se ubicó a mitad del andén y no al principio, como es lo común. Los ojos de la señora que le contó el suceso bailaban nerviosos, como queriendo huir de la zona donde todavía rondaba la muerte.

Se entiende. Pocas personas son testigos de esas escenas en una ciudad en la que, paradójicamente, las muertes violentas se volvieron sucesos cotidianos. Despreciar la vida a la vista de gente cuya angustia es que se la arrebaten duplica el reverencial temor que produce la muerte.

En tanto se adentraba a la avenida, el hombre recordó que alguna vez leyó que quienes se quitan la vida en un sitio público lo hacen para vengarse de alguien. Sobre todo si es en horas pico. Aunque Caracas ya no tiene «horas pico», sino una meseta que se eleva a las seis de la mañana y desciende cerca de las ocho de la noche. ¿Seguirá teniendo sentido ese razonamiento en una ciudad y una realidad cuyas noticias se actualizan por Twitter y son novedad apenas un par de minutos?

Lo cierto es que la «Actividad G», o Clave 1, como la llamaban anteriormente, es más común de lo que cualquiera creería. De hecho, durante sus primeros 25 años de operaciones, en el Metro se registraron más de 500 «arrollamientos», de los cuales más del 40% sobrevivieron al fatal encuentro.

Cifra que, de seguro, no manejan los suicidas.

Suicidarse en el Metro está tácitamente prohibido. No hay que colocar ningún cartel que lo indique para saberlo. Sin embargo, en diversos puntos del sistema se pueden leer carteles que advierten acerca de la prohibición de portar armas dentro de las estaciones y trenes.

El caso de la chica que se lanzó sobre los rieles «como un gato» ocurrió un viernes. El viernes siguiente, unos pasajeros que viajaban en un tren iniciaron una discusión y, apenas salieron del vagón, en Chacao, sacaron armas y comenzaron a dispararse, ahí, en medio de la gente que caminaba por el andén, muriendo uno de los involucrados en el intercambio de disparos. Una bala bastó para acabar con su vida. La policía de Chacao capturó a dos hombres y una mujer involucrados en el hecho. Llevaban varias armas consigo.

Una bala. Ya lo dijo Boromir, aunque refiriéndose a otra cosa: «Qué destino tan paradójico tener que sufrir tantas penas por algo tan pequeño».

A diferencia de los suicidas, que es algo más o menos común, este hecho causó obvia conmoción entre los usuarios (es como quedar atrapado en una pelea a cuchillo entre ciegos dentro de un ascensor). Habla ya no de una decisión, sino de una situación. La muerte, no por algo tan grande como un tren, sino tan pequeño como una bala.

Los usuarios leen los carteles con la ingenua prohibición y no pueden dejar de preguntarse: sin mecanismo para asegurarse del cumplimiento de esa norma, ¿qué sentido tiene ponerla en práctica? ¿Cuántas armas escondidas en bolsos y chaquetas viajan junto a nosotros, en medio de esa masa de dos millones de personas que, cada día, usa, empuja, se colea, discute y escucha música sin audífonos en el Metro?

Todo esto conduce a la pregunta final, a la 15, la famosa pregunta millonaria: si ya era improbable detectar a potenciales suicidas, ¿cómo detectar a posibles homicidas en un sitio tan lleno de rincones y con gente tan cerca una de otra, con los humores tan revueltos? ¿Cómo detectar la cercanía de la muerte bajo la discreta forma de una bala, en manos de un loco?

Se vale usar comodines.

Paraísos bíblicos

La palabra «paraíso» viene del persa y alude a algo cercado. Como un jardín. Según Federico Vegas, el Edén era una región y el paraíso una construcción dentro de ella. Es decir, no era una abstracción ni una proyección mental. Tenía, al contrario, límites tangibles. Por tanto, cuando Adán y Eva fueron expulsados, salieron por la puerta. Grande o chica, pero por la puerta.

Literalmente.

El venezolano se acostumbró a vivir enclaustrado en su «paraíso». Su paz reside puertas adentro de su casa. Su ciudad no está afuera, sino en espacios aislados conectados por caminos llenos de peligros. Es decir que afuera, rodeándolo, no está el Edén, sino el infierno.

De esa manera, se inventa confortables guetos, amurallados y con vigilancia permanente, para salir al encuentro de su ciudad. Locales «exclusivos» dentro de centros comerciales o culturales donde «se reserva el derecho de admisión», clubes privados, salones de fiestas con vigilancia privada... Ese espacio geográfico que media entre el sitio donde departe con los amigos y su entrada (sano y salvo, si la providencia lo decide) a las rejas de su casa o edificio, es un abismo de calles oscuras y motos rápidas. «Avisen cuando lleguen». «Ustedes también», es la despedida de los grupos luego de una noche de cervezas.

No por cotidianas, las rejas son normales. No lo sabemos hasta que vemos cuánto llaman la atención del que viene de afuera. Como

Miquel Adam, un catalán que vivió con una caraqueña y que, por esa respetable razón, una vez visitó Caracas. «Las rejas como metáfora. Infinita tristeza. Las ventanas, las puertas, las salidas de aire: todos enrejados, todos entregados. Cada vez hay más muros en la ciudad de la eterna primavera», escribió en su blog a manera de bitácora de su estadía en nuestra ciudad.

La reja, la garita, el arbitrario procedimiento de cerrar las calles (las «Santas» de los lados de Chuao, por ejemplo, custodian el acceso a sus interioridades como si de la virginidad se tratara), los muros, lejos de solucionar el problema, lo concentran. Como una ciudad que va empujando el lago de cocodrilos cada vez más allá, densificando su población. Pero, por más que lo haga, tarde o temprano deberá enfrentarlo, porque «ese lago» es su ciudad.

Durante la visita que, en el 2010, hizo a Venezuela el periodista Jon Lee Anderson, invitado para dictar la Conferencia Anual de la Fundación para la Cultura Urbana, comentó que paseó por algunas calles de Caracas que había conocido en visitas anteriores y descubrió con asombro que en cada nueva visita los muros y las rejas aumentaban y se multiplicaban. Cada año que volvía encontraba muros más altos y rejas más complicadas y resistentes: la de la casa, luego la del edificio, luego la de la urbanización, luego la de la cuadra... Sin contar con la de la mente.

En tanto más amurallado, más aislado del mundo se vuelve el paraíso, más rudo, más infierno se torna el Edén. Los cocodrilos del lago aumentan sus capacidades con cada nuevo reto.

El venezolano se está condenando a vivir dentro de los límites de sus paraísos. Cercados, a la usanza bíblica, pues.

Convirtiendo en infierno el Edén, mejor no quieran saber cómo es el infierno.

Some kind of nature

Los tuki

Tienen entre catorce y veintitantos, un bigotito ralo que decoloran con agua oxigenada y un copete al que le aplican unas mechas de tonos amarillos. También más desconcierto y miedo del que pretenden aparentar. Visten con jeans de colores, zapatos de goma y franelilla blanca. La guaya es imprescindible. Usan lentes oscuros con monturas de pasta en colores extravagantes que no se quitan ni dentro de un vagón a diez metros bajo tierra. Normalmente acompañan este atuendo con una gorra. Escuchan bachata sin audífonos y bailan solos con el teléfono en la mano cuando una canción los inspira, entornando los ojos, conmovidos con los lugares comunes de las canciones.

Son cursis, toda persona simple lo es, y deshonestos de forma natural.

Usualmente delgados, caminan como lo haría una culebra si tuviera piernas. Y pilotean moto de igual manera (por la costumbre de hacer piruetas el cuerpo se acostumbra a buscar el equilibrio).

Aunque se hacen de un aire de malos, no siempre son criminales y, en realidad, rara vez saltan la barrera entre el mundo más o menos ilegal en el que se manejan y uno decididamente delictivo. Por supuesto, hay los que atracan, pero los negocios grandes siempre están en manos de gente que llama menos la atención cuando va por la calle. De hecho, usualmente trabajan en puestos de mercados, de buhoneros u oficios relacionados con el comercio.

Claro, se «ayudan» con lo que se pueda.

Aunque su extravagante atuendo les vale miradas de desprecio de las niñas fresas cuando se dejan ver por los centros comerciales, ese es un asunto menor que ellos asumen sin problemas, tomando en cuenta que peligroso, lo que se dice peligroso, es ser mal visto por gente que, por menos que eso, saca la *bicha* y dispara.

Los *snob*

Sienten una enorme presión social por parecer cultos, o informados, pero no se dan el lujo de cultivar un gusto propio, por lo que suelen ceñirse a lo que parece *cool*. Eso arropa todos los ámbitos de su vida social. Mientras los demás escuchan lo que les place, estos se cuidan de «sentir gusto» solo por lo que se supone que está bien visto en ciertos ámbitos, sacrificando su propia opinión.

Que usualmente no tienen, como ya se dijo.

El asunto está en cogerle el gusto a lo que *se está llevando*, cultivando una cultura *prêt-à-porter*. Curiosamente, su ausencia de gusto tiene un viejo origen, lo que les da espacio en cierta tradición: en latín, carente de nobleza se diría *sine nobilitate*, que era la manera en que se señalaba a la gente de las clases inferiores, para luego designar a los que, renegando de su condición, aspiraban a pertenecer a una clase superior a la que pertenecían. A los arribistas.

De allí que el *sine nobilitate* pasó a ser el *snob*.

Se las arregla para estar al tanto de todo cuanto acontece en el mundo. Siempre está atento al centro. De lo que se esté escuchando en cada momento, tendrá un par de nombres para soltarlos en una conversa. Está al tanto de las películas nominadas cada año al Oscar (aunque pronto las olvidará). No se pierde una entrega de premios. Sigue todos los campeonatos deportivos del momento, y de todos tiene una opinión. En fin, está en todo, que es una forma de no estar en nada. No, al menos, en nada propio.

Los sifrilandros

Les dio por ahí como a otros por el *new age*, la cienciología o el crudivorismo. Suelen ser muchachos de piel blanca que viven en urbanizaciones clase media de Caracas u otras capitales del país, pero con raíces en algún pueblo del interior. Aunque también este fenómeno se da entre hijos de extranjeros.

Parten de una sensibilidad muy válida, pero ingenuamente manejada. Una especie de culpa acerca de su condición con respecto a las mayorías pobres. En otros casos se trata de un adorno *kitsch*. Son esos artistas y fotógrafos que sienten fascinación por la iconografía malandra y la exaltan de forma frívola.

O los que «descubren» que en su país hay pobreza y la ensalzan desde sus clichés.

Bailan salsa malandra y sueñan con ser de barrio. Les gustaría tener un primo *malaconducta* o cualquier otra historia digna de contar, como haberse batido en duelo en alguna ocasión, o haberse ido de la casa en la adolescencia, por ejemplo. Les aburre la vida segura que, muchas veces con verdaderos sacrificios, les proporcionaron sus padres, y se sienten en minusvalía con respecto a sus conocidos que viven en sectores donde la sobrevivencia requiere de mayores talentos.

Asocian peligro con hombría y lo añoran. Redimen todas las tradiciones vernáculas de sus mayores, o de la vida de pueblo, que les confieren cierta denominación de origen: juegan dominó (a veces solo «ponen piedras»), apuestan a los caballos o a los gallos, toman ron, fuman habanos, les gusta el boxeo, usan guayaberas.

Hablan con tumbao y/o con deliberada mala dicción. Parecer refinados les produce verguenza. Ellos, que recibieron formación académica, tienen por héroes a tipos toscos. Son prisioneros de cierto conservadurismo que pretende pasar por voluntario. Idealizan la pobreza, pero ignoran que a los pobres no les agrada su vida de privaciones. De hecho, gustan de las formas, pero jamás renunciarían a su vida cómoda. Desconocen que lo que da sabor a esa pasta es una salsa que incluye, en no pocas ocasiones, hambre, dolor, rabia, abuso, hogares disfuncionales y muchas privaciones.

En fin, ignoran que ese *swing* es el coqueto adorno con el que se barniza lo roto.

Los repartebofetadas

Ante todo, no se trata de los muchachos que entran en un cuerpo policial y andan por la calle con un uniforme. Esos son policías, pero esto es otra cosa. Estamos hablando de «los tipos duros», los adictos a la acción. Esos gorditos malos que les toca hacer (y no es que les pese) el trabajo sucio en ciertos organismos de seguridad. Los que andan en motos sin placas ensuciándose las manos para que *da boss* las mantenga limpias, a cambio de que los dejen desahogarse por ahí. No sienten ninguna vergüenza al abofetear a un hombre, porque eso les ofrece una ilusión de superioridad.

Tienen un agudo problema con la figura paterna y lo drenan en la calle, repartiendo (o devolviendo) miedo y dolor, sus dos inseparables compañeros de la infancia. Son los que se sienten a sus anchas estando al margen de la ley, porque ellos son la ley. Existen en tanto la moto, la bicha, la cara de malo, la chaqueta, los lentes y, por sobre todas las cosas, la impunidad, les hagan el piso. O, dicho de otra manera, debajo de todos esos pertrechos no hay nada, además del desconcertado y doloroso recuerdo de unos gorditos frustrados que, en el parque, no atinaron nunca a entrar a una rueda llena de niños alegres.

Los centrocomercialeros

Nunca han oído hablar de la fulana «vida interior». Jamás han cultivado pasión o pasatiempo que los exponga a estar en diálogo consigo mismos. Viven de tener y tienen de todo, excepto interés por cultivarse. Sus necesidades se limitan a ir a la moda. Por eso siempre están pendientes de los sitios *cool*. Desconocen eso que la gente de mercadeo llama fidelidad de marca. Su único interés es detectar tendencias. Saben que las modas pasan rápido y lo importante es estar sobre la ola.

Son otra forma de *snob*, que ya se comentó anteriormente, pero sin aspiración de refinamiento. Este síndrome es más tosco y, por ende, más prolífico. Un rasgo fundamental de su naturaleza es que detestan la soledad. Después de todo, orientan todos sus esfuerzos a que los demás constaten lo bien informados que están en cuanto a «lo que se está llevando».

Y aunque es sabido que quien no cultiva el hábito de estar solo consigo mismo nunca termina de conocerse, eso no les quita el sueño. La singularidad es lo último a lo que aspiran en la vida. O, mejor dicho: la única singularidad a la que aspiran en la vida es a ser uno más del montón.

Los *Tyrannosaurus*

Se dividen en varios grupos: uno de ellos no abandona el gimnasio y tiene obsesión por mantener un aspecto saludable, aunque en no pocas ocasiones se les va la mano y parecen víctimas de una intoxicación mortal. Otro renunció al cabello y a la barba, que solo traen delatoras canas (esta es una logia numerosa). También está el de los que se mantienen más o menos delgados aunque dejan ver una rozagante pancita. Este grupo suele usar camisas holgadas con tres botones sueltos arriba en el espacio en que se asoma, por supuesto, una cadena de oro. En la más común son unos gorditos «chéveres» que le hablan siempre a un auditorio así lo estén haciendo para una persona dentro de un ascensor.

Sufren del Síndrome de Lord Farquaad, por lo que se adornan con una gran camioneta, una gran pistola, una gran casa, una gran provisión de carne como compañía o lo que sea pero siempre en gran formato: el plasma, la cama, la mesa, la cuenta bancaria. Es como una añoranza adelantada de la lujuria por los placeres de la vida.

Caminan moviendo los brazos con ostensible interés de llamar la atención y rezuman inseguridad detrás de esos aspavientos de opulencia y locuacidad. Es cierto que nadie quiere sentirse viejo, pero ellos se esfuerzan tanto por ignorar los signos de los tiempos que, quizá porque no han recibido nada a cambio de la juventud ida, pasan a ser un caricaturesco homenaje del joven que, al parecer, nunca pudieron ser.

Los predadores

Se les ve en los restaurantes y se les reconoce de inmediato. Tienen tanto que decir que no pueden esperar a masticar. Van de pantalón de vestir con camisa manga corta. En una versión más «impresionable» llevan saco y corbata. El «traje» lo guardan para impresionar en serio. Una reunión de alto nivel en un ministerio. Una firma de un contrato con un cliente grande. Siempre hablan en voz alta y atienden el teléfono en medio de las conversaciones, tras un breve «disculpen» fingidamente atildado, para escupir un par de órdenes. Sus oraciones suelen estructurarse en un patrón que combina tecnicismos, anglicismos y palabras gruesas. «Esos carajos nos quieren meter la verga con la hiposerialización del *back-to-back off shore*, pero yo no me calo esa güevonada», no sería un ejemplo demasiado descabellado.

Se hacen llamar emprendedores, o el anglicismo en aterrizaje forzoso de «rompedores», pero en realidad son solo unos aventureros. Ludópatas estresados, que no tienen el *charm* del que no le importa perderlo todo en un golpe de dados.

Eso supondría vuelo poético.

Estos, aunque no les gusta trabajar, están muy aferrados al dinero. Por eso hablan mucho y hacen poco. Ese es su real talento. Hablar. Embaucar. Están demasiado apegados a los símbolos del poder. Si «coronan», cambiarán el carro, la casa y los sitios de diversión, pero nunca las maneras. Blandirlas es una forma de exhibir su desprecio a los métodos y al protocolo. Ratificar al mundo que la única regla de oro es el billete. El único pasaporte y el único cielo.

Son melancólicos monos fieles a la única música que los hace bailar, la del tintineo de la plata.

Los bárbaros

Han sobrevivido a lo largo de nuestra historia. En la lucha entre vida y muerte, representan la muerte. Conforman el rasgo genético más fuerte y antiguo de cuantos nos integran. Iban a caballo entonces, en moto ahora. Son la versión más primitiva de la apuesta humana a la sobrevivencia y representan nuestras fuerzas telúricas, todo eso con que hemos regado la tierra a lo largo de los siglos. Fueron los mercenarios que conquistaron a fuego unas tierras en nombre de un amo. Y los bucaneros que pasaban de tanto en tanto para saquear sus tesoros. Y las montoneras que cruzaron la historia de nuestros últimos dos siglos.

Saben odiar y afincarse en la venganza, gracias a su memoria histórica de sangre, dolor y rabia.

La montonera ha sido su forma de organización más ancestral. Su estructura es primitiva y eficaz: un jefe fuerte y violento aglutina el poder y, en torno a él, un grupo de hombres que hacen méritos con base en la virtud que más estiman: la lealtad. De ella se desprende un código medieval cuya inobservancia se paga con dolor.

El hombre a caballo, el que no duda, el inescrupuloso, el sanguinario, el que ve la vida como una guerra en la que sobrevive el más fuerte, el que renunció a la compasión y a la empatía, el caudillo, al que «no le tiembla el pulso», el que «no masca», el «hombre de acción», el que «las tiene cuadradas», han sido venerados de generación en generación. La historia nos enseña que toda diferencia la hemos arreglado por la fuerza, aplastando, venciendo.

¿Nos extraña, en serio, que muchos niños escuchen un viejo eco que los llame a admirar más al malandro, al militar, al policía, que al músico, al científico o al maestro?

Cenestesia

Una mañana de un día cualquiera. ¿Para qué acotar que el vagón iba abarrotado? En la próxima estación, una chica logró entrar pero quedó en medio del pasillo, sin poder sujetarse. El tren arrancó con tal brusquedad que la hizo perder el equilibrio. Por acto reflejo le extendí la mano y ella no tuvo ocasión de pensar demasiado para aferrarse al salvavidas que le lanzaban. Viajamos tomados de la mano y en silencio, hasta la siguiente estación, donde intercambiamos un breve y tímido «gracias/de nada», y ella aprovechó el espacio dejado por los que abandonaban el vagón para encontrar dónde sujetarse el resto de su recorrido.

Como si de una ancestral parábola se tratara, los venezolanos tuvimos que tomar distancia de nosotros mismos y dispersarnos por el mundo para conocernos. Y, en efecto, de las conversaciones entre los que se han ido con los que se han quedado, han surgido verdaderas revelaciones de cómo somos, a partir de cómo nos ven afuera o cómo nos vemos desde afuera, en contraste con los otros.

Los despachos que nos llegan a través de conversaciones vía Skype, Facebook, Whatsapp o el tradicional correo no han resultado, en líneas generales, muy auspiciosos. Arrogantes, arbitrarios, incumplidos, pantalleros, son algunas de las coordenadas de ese mapa espiritual, de ese retrato hablado que vamos armando. Pero también hemos descubierto un lado luminoso de «lo venezolano» que hace tan difícil la adaptación a ambientes cuyo sentido del trato y del espacio privado es más riguroso que el nuestro.

Un querido amigo que vive desde hace años en Londres me comentó que vino a Venezuela con la familia durante las vacaciones y que, a su regreso, uno de sus hijos tuvo problemas de readaptación. ¿La razón? Echaba de menos el calor recibido durante su breve estadía patria. Para ser más precisos, extrañaba el contacto humano. El abrazo frecuente y sin mayores motivos. Y no es un reporte aislado.

Testimonios llegados de Nueva York o Berlín acusan lo mismo. «Aquí todo funciona –dicen–, pero debes adaptarte a ciertas normas: no mires a nadie fijamente por más de cinco segundos, no se te ocurra despeinar a un niño desconocido al paso, no intentes abrazar a tus compañeras de trabajo al saludarlas, cuídate mucho de respetar el espacio privado del otro, no des palmadas en hombros de jefes o profesores, ni sueñes con usar el cariñoso 'negro' en público...».

Parecerá una nimiedad, pero cuando nos distanciamos de estas demostraciones afectivas, obligados por las restricciones impuestas al contacto físico existentes en otras culturas, se comienza a sentir un frío a la altura de los costados que termina por invadir el ánimo. No tocar, para gente que ve el mundo a través del «yo siento» antes que del «yo pienso», termina siendo una limitación difícil de sobrellevar. Casi una crueldad.

Tanto o más que la ausencia de harina Pan.

Una pequeña digresión: inuit es el nombre que llevan los pueblos que habitan las regiones árticas de América y Groenlandia. Su escasa población, de unos 150.000 habitantes, vive de la caza de caribúes, osos, ballenas y focas. Sus grandes extensiones están rodeadas de agua. Noviembre es el mes en el que se forma el hielo durante un breve período de tiempo, y la gente aprovecha para ir de visita y enterarse de las novedades de familiares y amigos.

Las temperaturas en esas regiones pueden alcanzar una media de entre 7 y -9 grados. ¿Qué paradójico fenómeno climatológico hace posible que gente sometida a tanto frío pueda vivir, no digo ya sin tocarse, sino incluso sin verse demasiado, mientras que en este sofocante Caribe de 30 grados promedio la gente vive amontonada y sobándose permanentemente?

Luego de la pregunta sin respuesta, cerremos el paréntesis.

En otra ocasión esperaba el Metro en el andén de Chacaíto. Había retraso, para variar. Una señora llegó a mi lado y quiso indagar acerca de la dimensión del asunto. Le dije que tras cinco trenes no había logrado montarme. En eso venía entrando a la estación el que sería el sexto. La señora, decidida a resolver mi problema, me tomó por un brazo y me dijo: «Vente que aquí nos vamos», zambulléndome dentro del vagón, como novios que se echan al agua.

También está el caso de esa señora que, en la cola del banco, se mantiene sentada mientras los demás clientes le «guardan» su puesto en la fila. Cuando está cerca de ser atendida, le avisan. Ella se acerca con parsimonia y, a manera de explicar a todo aquel que no esté enterado de su ausencia temporal, señala que le duele «todo esto», pasándole la mano por el costado a la desconocida que está delante de ella.

Quien abraza a sus amigos con absoluta y despreocupada profusión, que extiende lánguidas caricias que van de los hombros a la cintura por el puro deleite táctil, alguien cuya educación sentimental pasa por el contacto físico, desde niño, ¿cómo podría sobrevivir seis meses viviendo solo en un apartamento del norte de Europa al que fue a parar por razones de estudio u oportunidades de trabajo? Es, en definitiva, un elemento a sopesar a la hora de preguntarse si soportaría cambiar de hábitos, de clima, de códigos culturales.

Tan nuestro como tomar un autobús fuera de la parada o devolver con un detalle culinario la vianda en la que nos mandaron un postre, aquella es de esas cosas que están ahí, nos guste o no, y que no podemos evitar. Es de los rasgos que nos definen. Se trata de esa manera, quizá primitiva pero hermosa en su visceralidad, de decirle al otro que es nuestro prójimo (próximo): tocándolo.

Los mangos que caen verdes

En su maravillosa autobiografía, llamada *Cosas que los nietos deberían saber*, Mark Oliver Everett (a.k.a. Mr. E) señala con agudeza que «si a los niños no los dejan ser niños, se vuelven pequeños adultos durante su infancia. Y cuando se hacen adultos se convierten en bebés grandes. Todo al revés».

Y mira que sabía lo que estaba diciendo, ya que para sus padres la palabra «pruébalo» encerraba todo el universo de todo cuanto ellos pensaban acerca de la educación. De hecho, eso fue lo que hicieron él y su hermana, la cual se suicidó a la edad de 39 años. Eso fue lo que provocó que crecieran sin límites y tomando decisiones para las que no estaban preparados.

Ni para tomarlas ni para las consecuencias de esas decisiones.

Por el solo hecho de haber alcanzado la mayoría de edad, ¿toda persona se debe considerar adulta? Hay quien dice que sufragar por el Gobierno solo porque, por ejemplo, adelantaron el bono de diciembre para el día antes de las elecciones, no es una decisión muy adulta que se diga. Y, en principio, uno podría estar de acuerdo. Pero se podrían extender esas consideraciones a otros ámbitos. Valdría preguntarse, ¿qué tan adulto es quien atraviesa una camioneta en toda la acera, porque no consiguió otro lugar para hacerlo, a pocos metros de un colegio, obligando a caminar por el medio de la calle a los niños que salen a esa hora? ¿Qué tan adulta es esa persona que pone música a alto volumen, toda una madrugada, sin consideraciones para con sus vecinos? ¿O el que bota basura en la calle? ¿O el que cree que su problema es menester de todos y privatiza un pedazo de acera para resolver sus necesidades económicas? ¿O el que se despierta de mal humor y sale a la calle convencido de que tiene todo el derecho de manifestarlo sin pudor? ¿O el que lleva en la moto a un niño de tres años, rodando por peligrosas avenidas caraqueñas? ¿O el que le compra al hijo de siete años un costoso teléfono que no necesita?

Y ni hablar de los conductores. ¿Qué edad tiene el conductor promedio venezolano? Porque cuando están al volante de su carro las personas muestran su edad con más tino que cualquier prueba psicotécnica y hacen cosas como, por ejemplo, ir por una vía solitaria y, si un peatón cruza delante de ellas, acelerar para que este se vea obligado a abandonar a las carreras su feudo. Ese es el mismo que, cuando ve un charco de agua en la vía, no puede reprimir la tentación de pasar cerca, acelerando. Y si al charco se le añade un peatón cerca, la tentación se convierte en mandato de la naturaleza. No es ni su culpa. Y el que, a manera de ocurrente saludo, «les tira el carro» a los amigos para frenarles a escasos centímetros. Cuanto más cerca logre frenar, mayor será su sonrisa cuando asome la cabeza para saludarlos.

A esos el Niño Jesús jamás les trajo lo que pidieron.

Basta una caminata por las calles de cualquiera de nuestras calurosas ciudades para percatarse de la frecuencia con la cual se ven adolescentes embarazadas, incluso con uniforme escolar, o llevando a sus niños al médico o a otra diligencia. O la gran cantidad de expósitos que parecen más bien estar jugando (de forma muy realista, vale decir) a la casita. De niños que venden en la calle. En ese punto se entiende que, entre niños que no fueron niños y padres que no quieren que sus hijos pasen lo que ellos pasaron (eso de no tener niñez), mucha gente, en nuestras sociedades, no aborda su rol de niño y adulto cuando le toca, sino cuando puede. Si es que puede. Y recordamos esas palabras de Everett, quien tuvo la dicha de convertir en arte los dolores patrocinados por su disfuncional hogar, al advertir que «si a los niños no los dejan ser niños, se vuelven pequeños adultos durante su infancia. Y cuando se hacen adultos se convierten en bebés grandes».

El reloj de la Naturaleza es un mecanismo de precisión. Todo cumple su función y todo llega a su momento en ese sistema cerrado que es, a una vez, perpetuo y perfecto. Sin embargo, suceden raros casos de, por ejemplo, frutas que se pudren en la rama mucho antes del momento óptimo para ser cosechadas. Usualmente esto ocurre por bacterias o por deficiencias nutricionales. O por una mezcla de ambas.
Pasa con las frutas y pasa con los hombres.
Acerca de estos últimos la psicología popular tiene una frase, lapidaria y contundente, que sintetiza el fenómeno:
«Este llegará a viejo pero a hombre ni de vaina».

Yin y yang

EN ESTE PAÍS LA GENTE O SE HACE LA LOCA O SE VUELVE LOCA, porque lo del deterioro no es juego. Ni lo de la inflación/escasez. Ni lo de la inseguridad. Esos tres demonios lanzan golpes al ánimo de la gente día tras día. Cada uno desde su flanco.

Y saben pegar, porque derriban al que toquen.

Fuera más fácil asumir el reto de salir cuerdo del túnel si tan solo hubiese idea de qué tanto falta. Pero solo resta aplicar el simple y drástico método del «cada día, otro día». Cada día ganar un día.

Y, como en Alcohólicos Anónimos, sin preguntar cuánto falta.

Una pareja de venezolanos que vive en Nueva York desde hace años estaba de visita en Caracas, luego de más de un año sin ver la ciudad en la que comenzaron a escribir su historia conjunta. Estaban reunidos en la terraza de un café con un amigo que, más que de anfitrión, hacía de intérprete de la versión en uso de la omnipresente y aturdida Caracas. Resultó inevitable caer en la comparación entre la que habían dejado atrás con las historias que compendiaban en su corta estadía, mientras veían pasar la tarde en la terraza del café.

La chica intentaba definir los sentimientos que le producían esta mezcla de desidia, prisa inútil y violencia que, como polvo en un depósito, se acumula en cada rincón de la ciudad cuando, en una tentativa por sintetizar esa palabra que no terminaba de precisar, el intérprete asomó un: «¿Como un apartamento de solteros?».

El rostro de ella se iluminó en un gesto de asentimiento.

Eso –afirmó la muchacha–. Esa es la sensación que me produce Caracas: parece un apartamento de hombres solos.

Porque, prosiguió, no se trataba solo de lo violento, lo precipitado, lo hosco, lo desangelado, lo desaliñado y lo caótico (lo salvaje, en una palabra) del ambiente de la ciudad; era que todas esas presencias juntas se explicaban en una sola ausencia: esa mano que pone el punto mágico que trasmuta la pragmática palabra «casa» en la confortable palabra «hogar». Ese calor humano anunciando que quienes ocupan ese espacio no lo hacen de paso, sino que persiste en ellos un deseo de permanencia, explicado en pequeños pero significativos detalles.

Un hogar es una casa habitada, una casa con alma.

Esa presencia tan marcada de los excesos de testosterona, de lo toscamente masculino, del gritón, del miedo trocado en violencia, del abuso, de las armas a la vista, del casco, de la bota y los gritos rudos de los soldaditos que trotan por la ciudad... Todo esto configura un cuadro que se resume en dos palabras: inseguridad e impaciencia.

Y esos dos rasgos juntos, producen la tan universal ansiedad masculina. Tan universal, por cierto, que se puede ilustrar en el significado de las voces japonesas para la masturbación, tanto masculina como femenina: «senzuri» y «manzuri», las cuales se traducirían literalmente como «cien frotaciones» y «diez mil frotaciones», respectivamente.

No comments.

Mientras los amigos compartían impresiones y café esa mañana, en una esquina de otra avenida de esa misma ciudad ya se había reunido, como todos los días a esa hora, el mismo grupo de borrachitos que, desde muy temprano, atravesaban el día y se atravesaban el hígado con una dieta a base de esmog, cañaclara y recortes de la charcutería del frente para cuando pegue el hambre.

El mismo desesperanzado, entregado y testosteronizado paisaje de todos los días. Aunque en esa ocasión había una variante: a unos metros de los borrachos, dos hombres yacían atravesados en medio de la acera. Como perros a la sombra, dormían sin el más mínimo asomo de pudor, pasando la pea donde los agarró. Podía deducirse que no habían alcanzado el clímax en su capacidad de destruir su esquina y ahora ofrecían no el mismo ruinoso paisaje de siempre, sino uno más decadente, como si de tanto en tanto vieran colmados sus esfuerzos de seguir renunciando a su condición humana.

Los transeúntes pasaban entre ellos, como podían, y apretaban el paso.

Es entonces cuando entró en escena La Princesa. Se trataba de una mujer que bebía con los borrachitos. Joven, gorda, desaliñada, una especie de Barbie playera, pero obesa y abandonada en un basurero. Las vecinas que solían verla desde las ventanas de los edificios cercanos sentían por ella una mezcla de compasión y grima. La aguja se movía hacia la repugnancia cuando, ya borracha, aquella apoyaba el cuerpo sobre las piernas de algún compañero de juerga, el cual aprovechaba para acariciarla con melosa lascivia, esbozando una sonrisa idiota y literalmente babosa.

Pero la princesa no se sentó a reír con carcajadas estruendosas dando palmadas a las piernas de sus cófrades, como era lo usual. No esta vez. Parecía increparles algo apenas llegó al grupo. Gesticulaba y señalaba hacia los que estaban en el piso. Caminó hasta donde yacían e intentó levantarlos, pero nada parecía revivirlos. Los otros, como aún se bañaban y cambiaban la ropa con cierta frecuencia, se sentían por encima de aquellos.

Cuando una ciudad está gobernada por el ánimus, todo intento de restablecer el equilibrio es visto de inmediato como un ataque a su hegemonía, por lo que se produce un conjunto de antivalores que hace ver como malas (débiles, indeseadas; feminizadas) actitudes como la cortesía, el diálogo, la serenidad, la reflexión... por nombrar las menos peligrosas.

Pero La Princesa solo sabía que dos borrachos dormían la pea atravesados en medio de la acera, y eso era intolerable. Por más que sea. Había que poner un poco de orden. Y punto. Por tanto, decidió encargarse de ello. Fue hacia donde se encontraban y los golpeó, los zarandeó, los empujó, sin lograr su objetivo.

Volvió al grupo y, con dulces y toscas maneras, logró convencer a dos de ellos, quienes de mala gana la acompañaron y, luego de otros infructuosos intentos por hacer reaccionar a los que estaban inconscientes, decidieron levantarlos en peso para colocarlos en una zanja que alguna vez iba a ser una jardinera.

La ciudad es una casa grande. Sin alma tampoco hay ciudad. Y La Princesa era, en efecto, el alma de la esquina, que es su pedacito de la casa.

Satisfecha de su acción, se acomodó entre el grupo para iniciar su dieta suicida. Y ahí sí celebró y se emborrachó y dio palmadas y se apoyó en las piernas de alguno de sus cófrades que aprovechó para acariciarla con melosa lascivia, mientras esbozaba una sonrisa torpe y literalmente babosa.

La pareja seguía conversando con el amigo devenido en intérprete, y seguían enumerando la cuartelización de la casa que era su ciudad: carpas militares donde debería haber módulos policiales, muros y alambres de púas donde debería haber respeto a lo ajeno, división donde debería haber comunión, camionetas con mataburros en lugar de bicicletas y gente caminando, «soluciones habitacionales» en lugar de viviendas, concreteras en lugar de parques...

La paciencia, la capacidad de negociar, la necesidad de entenderse con el otro, no son hábitos que requiera quien tiene el predominio de la fuerza física. Por tanto, si algo resalta en estos tiempos «machos» es la impaciencia. Y, con ella, la imposición del punto de vista propio sobre el ajeno, la arbitrariedad, el abuso y la injusticia. Y la incapacidad de hacer a largo plazo.

Y el tosco miedo traducido en «macho puja pero no llora».

Es una batalla que ya se perderá. Pero no todavía. No del todo. No ese día. Esa mañana la princesa entró al cuarto de los varones y puso un poco de orden. Lo adecentó. A su manera, pero lo adecentó. Y con ello quedó demostrado que hasta una princesa borracha abandonada en un basurero tiene «la magia» suficiente para hacer de una casa un hogar.

Ensayos con error

Si me manoseaban, yo arañaba; si me arañaban, mordía. Un día al volver a casa a la hora del almuerzo pasé siglos en el baño limpiándome la sangre de debajo de las uñas.

RODDY DOYLE

A LORENA SE LE VA LA TARDE DEL SÁBADO conversando con los vecinos de la cuadra. Se levanta a media mañana y hace las arepas para ella y la niña. No cambia su cuadra por nada del mundo. Ahí todos la conocen. Ahí creció y ahí tuvo a su hija. Ahí se enamoró y ahí se despechó. Y aprendió a ser dura. Y a morder, arañar, insultar y escupir, cuando era necesario. En su cuadra no caben los pendejos. Y ella fue pendeja una sola vez. Y eso porque Edelbar la agarró fuera de base.

A media mañana pasa por donde Amelia para ver cómo está de tiempo. Amelia es la que la peina y le pinta el cabello. Cuando tiene una piñata también le peina a la niña.

Esta va a ser mi clienta fija, le dice Amelia sonriendo.

Lorena está en la esquina de la licorería mientras la niña juega en la acera. Ahí se distrae tranquila, aunque por momentos se pone fastidiosa y llorona. A veces tiene que pegarle. Unas por ponerse necia y otras por darle sustos. Como esa vez que se bajó de la acera en el momento en que estaban bajando unas motos persiguiéndose. Siente rabia. Eso es lo que siente. Y desde el estómago le sale un rayo que termina en el brazo. Y lo suelta para descargarlo.

No imagina qué haría si le pasara algo.

Una vez se le cayó por unas escaleras y se dio duro.

Me le enyesaron el bracito, dice, fumando, y adopta un aire parecido a la reflexión.

Pero no es reflexión, tampoco exageremos. Es nostalgia. Es acordarse de que en una época nada le preocupaba. Y rumbeaba con quien la invitara. Y no le rendía cuentas a nadie. Ni a la vieja Emma, que sabe muy bien de dónde sacó Lorena el carácter. Ya las cosas están claras. Ahora es una mujer y hace con su hija lo que mejor le parezca. Porque por algo la parió y es a ella a quien le duele.

A la niña se le acaba de caer el chupón en la acera, pero Lorena no lo vio. La niña lo recoge y lo devuelve a su boca. La señora Emma le dice que ya está grande para chupón, pero a ella le arrecha que se metan en la educación de su hija. Y así lo dice. Aunque, en realidad, había pensado lo del chupón desde la vez que se le enfermó. Pero que se lo dijera su mamá la obligaba a dejárselo. No se puede dejar mandar por nadie, porque ella es una mujer hecha y derecha.

Lorena hace lo que sea por su chama. Ya no come cuentos con hombres. A esa no la joden dos veces. Es una cuaima con todas las de la ley. Los de la cuadra lo saben y la tratan casi con el mismo respeto que a su mamá. Basta que alguno diga «lo que se hereda no se hurta» para que todos sepan a quién se refiere. Claro, a Lorena por lo menos se la pueden bucear. Todavía está buena. Pero a ella solo le importa su hija.

Ahora la niña le dice que tiene hambre. Ella está hablando con Carlitos, el señor que vive al lado de la licorería. Ese, que llegó a viejo soltero. Pero es que con esa panza y con esos pelos saliéndole de las orejas... ¿Quién se anima?

La niña se pone llorona y le dice que tiene hambre. Lorena va por la quinta birra. Ese es un momento especial de su sábado. En ese punto ya nada importa. Todo da flojera. Todo queda lejos. En la quinta birra no quiere pensar que la niña está creciendo y ese cuarto en casa de la mamá les está quedando pequeño. Ni que en el trabajo están hablando de despidos y de reducción de personal. Ni tener que pensar que ahí, nada más alzar la cabeza, se puede ver cómo se asoma el lunes. Y es bajar a la parada de los yips. Y es caerse a coñazos para entrar en el Metro. Y es caminar cuatro cuadras. Y es lo fastidioso que son los jefes.

Es la vida metro-chamba-cama con un sueldo más efímero que

famoso de Youtube.

Por eso mejor seguir ahí, en ese momento feliz en que nada importa, a partir de la quinta cerveza. Con que la niña coma, que es lo que más le importa en la vida, lo demás le resbala. Ella vive para su hija. Ella no come cuento a hombre. A veces les acepta salidas, pero solo para sacarles la cena y las birras. Pero la Lorena pendeja se murió hace exactamente tres años y cinco meses.

Y no es que le guarde rencor a Edelbar, ni que le importe que a veces baje por esa calle (para joder, porque él vive por la de atrás y esta no es su ruta) en la moto con el culito de turno. ¡Te lo regalo!, le dice al viento cuando él pasa como un suspiro, y apenas deja ver la silueta del culito de turno con sus franelitas y su hilo y su shortcito. Y Carlitos, o Antonio o el Checho, o el que esté por ahí, se ríe. A veces está la bandita completa y se ven unos a otros a la cara, con mirada cómplice, y sueltan la carcajada. Ellos no se meten en eso. A veces Lorena se entusiasma con el público y grita:

¡Gran vaina! Senda joya te llevas.

Y todos le celebran la gracia. Pero ninguno, además de buceársela, se anima a nada con ella, porque ella es una señora cuaima. Y para ella solo existe su hija.

La niña insiste en que tiene hambre. No lo dice, comienza con un gemidito que no deja hablar. Y cuando Lorena llega a la quinta birra, tiene poca paciencia y mucho calor. Pero por su hija todo. Entonces le grita a Arlinda, la que tiene el puesto de perros calientes a unos diez metros de la licorería, que le dé un perro a la niña.

Ella te lo va a dar, le dice a la niña, para que la deje quieta. Sin ensalada, Arlinda, acota, porque no confía mucho en ese repollo con el que aquella prepara los perros.

Porque ella, por su hija, todo. Vive para ella.

Los padres ofrecen pistas

A Rodolfo le gusta acompañar a su esposa al primer día de clases de su hijo más pequeño. Es un ritual que disfruta cada año. Quizá porque, en tanto pasa el tiempo, con cada vez mayor frecuencia ve asomarse la nostalgia que sentirá algún día.

Adquirir esa consciencia supone entender que nunca más tendrá un niño de ocho años, así como ya no tiene uno de siete, ni de seis... Que la vida pierde inocencia y gana complicaciones. Que la memoria es una lucha larga e inútil para que no se borren esas estampas que se van alejando día a día de nuestros recuerdos.

Aunque también le gusta porque ese día de comienzo de ciclo parece un reseteo, a pequeña escala, de la vida. Un volver a empezar. Una oportunidad invalorable para mejorar el promedio. Estrenar, junto con morrales y uniformes, buenas intenciones. Le gusta imaginar la realidad como ese consuelo de otro inicio, lleno de lustrosas promesas, morrales nuevos y pulcras «hojas de vida».

Ese día de uniformes impolutos y peinados perfectos parece la escenografía de una versión local y bondadosa de *The Truman Show*. Una maqueta de la vida. Todos parecen tan educados frente a los padres, tan amigables, tan alegres de volverse a ver, que aquellos llegan a preguntarse, viéndolos, en qué momento los adultos nos estropeamos de tal forma.

En qué momento, así como esos niños afables y educados ante los padres de sus compañeros, los estafadores, malintencionados, déspotas y corruptos de hoy estrenaron, hace ya suficiente tiempo como para haberlo olvidado, nuevos uniformes y buenas intenciones. ¿Quién, de esos niños recién bañados, decidirá algún día dominar a sus congéneres por la fuerza? ¿Cuál de ellos no tendrá escrúpulo en estafar a su nación, esclavizándose al dinero al punto de extraviar el decoro? ¿Cuál tendrá la templanza de mantener sus principios con el mundo en contra? ¿Quién descubrirá que disfruta hacer daño, o será el ángel que se entregue al servicio del prójimo? ¿Dónde estará el político obsequioso que embaucará a los más necesitados? ¿Cuál nunca defraudará a los que confíen en él? ¿Quién seguirá impoluto y peinado con el pasar del tiempo? ¿Cuál será enemigo de quién? ¿La mirada de entonces delataría quiénes llegarían a ser, o se verían tan angelicales y uniformes como estos que se saludan en este patio?

El primer día de clases tiene esa facultad de hacerles creer que la vida, como lo hace el primero de enero, pero sin ratón, se puede empezar desde cero una vez más.

Como todos los años, la coordinadora de educación básica reúne a los padres en el patio para su tradicional bienvenida de inicio de clases. Harán más de veinte años desde la primera vez que lo hizo. De seguro habrá sido un día memorable. Se llama Maritza. Es una mujer alta, de cabellos cortos y ojos claros, que exuda el oficio por los poros. Cada año que pasa deja su marca en ese rostro que no parece angustiarse por ello. Viéndola actuar, resulta arduo imaginarla en otro oficio, teniendo otra vida distinta a esa. Las formas debajo de su uniforme fueron mutando, año tras año, del misterio inquietante a la bondadosa certeza.

Maritza recita las palabras con la gracia y la seguridad que da un ensamblaje comprobado. Una puesta en escena perfecta. Da la bienvenida y, ante el natural desorden de los otros grados en las filas, finge sorprenderse al notar que los de primer grado, «los más chiqui-tos», dan el ejemplo.

De inmediato los presentes, como todos los años, dirigen la vista hacia ellos y resulta obvio que eso de estar en el verdadero primer día de clases de sus vidas los tiene paralizados de miedo.

Luego habla de ciertas normas del colegio, entre ellas las del uni-forme (y corregirse advirtiendo que ahora se llama «traje escolar»). Los padres pueden recordar cada palabra como si las hubiese escuchado el día anterior y no hace 365 días.

Finalmente, como todos los años, explica a los presentes, con impecable tono y una claridad labrada en más de veinte años de ejercicio docente, esta sencillísima norma: los que buscan a sus hijos a pie lo van a hacer por el portón principal, y señala con su brazo el sitio al que alude, y aquellos que los buscan en carro deberán hacerlo por el que da a la calle de atrás, mientras hace lo mismo con teatral ademán, en la dirección opuesta. ¿Quedó claro?, pregunta.

Los niños de primer grado dicen su largo sí en coro.

Todos los padres escuchan. Todos, sonriendo o bostezando, asienten.

La norma se acata a lo sumo una semana. No pasan cinco días y ya hay carros frente al colegio, deteniendo el tránsito de la estrecha calle y pretendiendo que sus hijos salgan por el portón principal luego de escuchar el cornetazo del carro de mamá o papá.

En ese punto se entiende que la uniformidad que producen los pantalones azules y las franelas blancas es aparente. Que esas semillas, en apariencia iguales, entrañan un enigma. Que sus similitudes son engañosas. Que todos esos niños vuelven todas las tardes a sus casas y conviven con sus padres. Que la imitación es la forma más poderosa del aprendizaje. Que ellos son los padres, en disimuladas semillas. La viveza, la trampa, el irrespeto a las normas, están agazapados, escondidos en uniformes.

Ese primer día no se ve cuál de esos niños será el futuro tramposo, el vivo, el abusador. Pero a la semana, muchos de sus padres comienzan a ofrecer pistas.

Babushkas criollas

Un dios solo es poderoso de verdad si ofrece amparo.

Ilija Trojanow

Tiene una sonrisa infantil que desentona con su ruda indumentaria. Camina balanceando la caja que lleva entre manos, como un pingüino con un delantal roído. Da unos veinte pasos fuera del local y, luego de voltear la caja para dejar escapar su contenido, la sacude con firmeza, regando la calle con una explosión de migas de pan de todos los tamaños.

No ha terminado de vaciarla cuando decenas de palomas que no se veían por todo eso aparecen a comer, con su característico gorjeo, persiguiendo los trozos más grandes que huyen a saltos de sus picos impacientes y torpes. La señora va acentuando la sonrisa en tanto se abre paso entre las palomas y, ya frente a la panadería, se da vuelta para contemplar la escena un breve tiempo antes de volver a sus labores.

Ocurre todos los días. A las once de la mañana y a las cuatro de la tarde.

Eran como las siete de la mañana. La Rómulo Gallegos no se compadecía de lo nuevo que estaba el día y atacaba con todo su corneteo y su furia cotidiana. Una muchacha está sentada en una fuente de soda, desayunando sola. Recibe una llamada y comienza una conversación amarga que parece relacionada con una niña. La muchacha (como de unos veintiocho años, vestida de oficina) comenzó a llorar disimuladamente mientras discutía. El desayuno servido frente a ella se estaba alejando de su órbita. Se enfriaba como una naturaleza muerta.

Bruscamente, cortó la llamada y se quedó sollozando con precario disimulo. Las lágrimas caían sobre la empanada fría. No hubo pudor que la contuviera, y comenzó a llorar desconsoladamente. Una señora, sentada cerca, detuvo su desayuno y se paró a su lado, guardando silencio. Luego le colocó una mano sobre el hombro y la comenzó a mover de manera suave, como el sollozo que había dado origen al llanto. Finalmente le dijo con voz serena: «Pídele a Dios por tu problema. Que sea el que sea, él te va a ayudar. No pierdas la fe». La muchacha se abrazó a la señora mientras asentía sin dejar de llorar. La señora la acompañó hasta que se hubo serenado y se fue sin decir más palabras.

Un grupo de señoras de Maracay se puso de acuerdo para hacerles y llevarles el desayuno a unos policías presos desde hace varios años. A esos que nadie conoce. Como los policías son de Caracas, el hecho de que radicaran sus casos en Maracay dificultaba la visita de sus familiares. Ellas se organizaron, entonces, para llevarles el desayuno y estar pendientes de ellos. No los conocían. No estaban ejerciendo una opinión política. Nada de eso les interesaba. Se trataba del gesto de unas madres hacia unos hijos. Puro instinto.

Igual hizo otro grupo de señoras con los estudiantes que protestaban en Altamira. Hacían desayunos y, al empacarlos, les agregaban mensajes escritos con su puño y letra. Frases sencillas, como las que escribiría una madre al hijo que se va de campamento.

Hay las que trabajan como damas voluntarias en los hospitales, tratando de ayudar en lo que pueden: acompañando a pacientes que no reciben visitas, o llevando recados fuera del horario, o coordinando donaciones para las parturientas que no tienen para los pañales. O pasando la mano por una frente en el momento oportuno.

Otras procuran llevar un poco de alegría donde solo hay desesperanza. Están las que hacen pequeños y periódicos donativos en diversas instituciones o se vinculan con algún trabajo voluntario donde haga falta mano y cariño. No por interés económico ni por conveniencia. Tampoco porque esperan la foto y la reseña. Ni siquiera por estar convencidas de que son tareas que garantizan su pedazo de cielo. Lo hacen por el placer de hacer algo por el otro.

Son gestos que no se sostienen en complejas teorías, sino en el sentido común. No cultivan una sofisticación deslumbrante ni en sus conversaciones hay disertaciones acerca de la condición humana, los valores que cimentaron la civilización occidental, la religión en contraposición con la ética u otros temas similares. Es decir, pueden prescindir del conocimiento acerca del bien para hacer el bien.

Son, por sobre todas las cosas, personas. Señoras buenas. Mujeres. *Babushkas*. Están tan ocupadas en sus modestas generosidades que se niegan a entender que el mundo está sumido en el desaliento y la maldad y que, en este país carcomido por la desesperanza, cualquier gesto amable parece inútil. Gente en cuya visión de la vida no cabe resignarse a que en estos tiempos impere el egoísmo, la desconfianza y la indiferencia.

Superhéroes de un tierno cómic que se reconocen por el delantal manchado, la carterita marrón, la blusita gastada o la viandita de tapa azul.

Raising Cain

EL NIÑO ESTÁ CRECIENDO EN UN HOGAR ATÍPICO. Que no son pocos y tienen decenas de composiciones posibles. Tanto, que pasaron a conformar «el hogar típico». A efectos de graficar el tema, imaginemos una de sus composiciones más comunes: el modelo «abuela-mamá-y-niñito».

Ya se sabe, la muchacha es madre soltera y su mamá le metió el hombro.

Hay otras composiciones. Está esa en la que papá existe y tiene contacto con el niño, pero desde otro cuartel general. A veces el papá está, pero la mamá no. O el papá está pero no está. Nadie, ni siquiera él, sabe por qué no termina de mudar sus peroles. No opina, no influye, no ejerce. Es un rey despojado. A veces están los dos y nunca terminaron de ponerse de acuerdo en nada. En fin, que como ciertas baratijas chinas, hay cosas que no funcionan aunque parezcan completas. Pero, en cualquiera de los casos, el viejo equilibrio está roto y el mareo le dará es al que nunca se le preguntó qué opinaba del asunto.

En este hogar el sentido de la autoridad es, previsiblemente, difuso. No es que no exista. Es que es difuso y, por ende, relativo. La mamá es joven y no tiene pareja. Decir «no tiene pareja» es decir que no comparte la autoridad sobre el niño con un igual en rango y responsabilidad. Pero vive con su mamá que, como ya se dijo, le ha tendido la mano en todo. Decir «pero vive con su mamá» es decir que intercambia con otra persona los roles de la autoridad de una manera asimétrica e irregular.

La chica es tan joven que aún: a) es temperamental, insegura y veleidosa (no alcanzó a tener un proyecto autosustentable que la obligase a desarrollar un control responsable del mismo), y b) la mamá aún ejerce autoridad sobre ella, por la razón antes acotada.

Ella trata de hacer lo que toca. En serio, trata. Pero la abuela es la abuela, y ya se sabe que los padres crían y los abuelos ya probaron, ya erraron, ya vieron qué tan lejos quedaba el suelo y luego les da por probar qué se siente malcriar.

Y la hija comete cada muchachada que la vieja siente que debe intervenir. Y la abuela, por su parte, se olvida de que la hija es la que está criando y suele pasar por sobre ella. En fin que el niño, que está asistiendo a raciones diarias de un pasticho de autoridad difusa, no tiene reglas claras. O no, al menos, únicas. Por tanto, al no haber reglas claras, no puede esperar iguales reacciones ante las mismas faltas. Yendo más allá, no se puede esperar, incluso, que un mismo hecho siempre sea considerado una falta. Como no hay nada claro, debe apelar a recursos propios que ha ido descubriendo. Porque, si algo sabe hacer poniendo toda su concentración y su capacidad de comprensión en ello, es desentrañar los «códigos del poder».

Uno de esos hallazgos de los que ha tomado nota es lo mucho que la abuela elogia su sonrisa pícara. O cuánto gusta a su madre su talento para imitar a los cantantes de moda. Por tanto, cuando la madre decide imponer su autoridad, canta, y cuando lo hace su abuela, despliega su mejor sonrisa.

No lo sabe, pero está apelando a una de las tradiciones que tejen las relaciones sociales en nuestra tribu: aprendiendo a sobrevivir, aprendió a ser chévere.

Eso que también se conoce como un tipo «de pinga».

Y así, el galán de nuestra historia será un tipo chévere del que podrán decir lo que sea, pero jamás que no tiene una sonrisa encantadora.

Ni que no canta bonito.

Cuando Agustín se encontró en Cabilla

AGUSTÍN ES LA INVOLUCIÓN DE LA FAMILIA. El *saltoatrás* económico. El relevo que bota un juego que estaba ganado. Heredó de su padre un pequeño pero solvente negocio en una urbanización del este de Caracas. No habían pasado seis meses de la muerte del viejo cuando lo quebró y bajó la santamaría.

A los tres meses la subió de nuevo para montar algo así como una venta de cachapas, aunque se asemejaba más bien al cuarto de los trastes de algún edificio de oficinas, con tres mesas de manteles sucios y un mostrador. En todo caso, era la proyección de su anárquica cabeza, empobreciendo el patrimonio familiar y la imagen de la cuadra.

Agustín vivía con su mamá, una vieja enferma que de un tiempo acá le había dado por soltar largas parrafadas en su lengua materna, un país de Europa oriental que ningún vecino sabe con precisión de cuál se trata.

Cabilla vive en la calle. Su desaparición voluntaria del hogar aligeró la precaria economía doméstica. Sobre todo cuando estuvo atravesando por el aguacero de la afición al alcohol, que colmó la paciencia y la economía de la madre, a quien le causó una enorme pena saberlo en la calle, pero un enorme alivio no tener que vivir con la cabeza en el trabajo y la alarma en la casa, donde el hijo le rastreaba las caletas del dinero ganado en semanas para bebérselo en minutos.

A Cabilla las cosas simplemente no le salieron bien, y cuando vino a ver, ya le había agarrado «la caída» a eso de vivir en la calle. Ya había hecho el estómago, que es el primer paso. Y a defenderse de los monstruos nocturnos que le llevaban más rueda. Y a lograr hacerse de su espacio en esa estepa africana, en ese laberinto para ciegos, que es la ciudad de noche.

De vez en cuando los pies lo llevaban a la casa materna, donde se bañaba, cambiaba de ropa, hacía un vuelo rasante buscando dinero o algo que pudiese convertirse en dinero, comía y volvía a desaparecerse por otra tanda de miedos y rezos maternos.

El asunto, bien visto, es entre iguales. Un día, estos dos especímenes, más que encontrarse, se reconocieron secretamente, y decidieron volcar todo el desprecio que sentían por sí mismos en ese odioso espejo en el que se vieron. Aunque el de la reacción más epidérmica fue, por supuesto, Agustín.

Fue el que más se asustó al verse al frente, sucio y flaco.

Veía pasar al indigente y sentía hacia él una infinita rabia. Sobre todo desde aquel día en que se presentó en su negocio pidiéndole una cachapa, porque tenía hambre. Para Agustín, aunque no lo vio así, fue como ver el fantasma de las navidades futuras.

Hay dos reacciones típicas al encuentro de dos iguales: la afinidad y la repulsión. Luego de que Agustín lo corriera de mala manera y de que el otro, para mantener intacto su orgullo, lo amenazara con un par de puñaladas, entre ambos se fue desarrollando el vínculo de los iguales que sienten un genuino y recíproco desprecio.

Agustín comentaba (a vecinos que callaban su opinión acerca de su negocio y su vida) que ese indigente afeaba la cuadra. Cabilla podía ver a un tipo tan igual a él detrás de esa fachada que le resultaba inaudita su actitud perdonavidas.

Una mañana los vecinos escucharon un inusual alboroto en su tranquila calle. A nadie le extrañó cuando, al asomarse, vieron a Agustín, en su moto, acosando al indigente. El hombre, sujetando entre los brazos un morral, decía cosas que no se le entendían, mientras trataba de escapar del cerco del «catire loco», quien lo perseguía para no dejarlo ir.

Cuando el panorama se aclaró un poco, los vecinos entendieron que Agustín le gritaba «¡Suéltala!» repetidas veces, mientras el otro decía que lo dejara quieto, haciendo el amago de sacarse del bolsillo algo que no terminaba de salir. La gente pensó que el indigente se había robado algo y que el vecino al fin resultaba útil para algo. Que después de todo, el prejuicio de Agustín tenía motivos reales.

De pronto pasaron dos motos de la policía y, al ver la escena, los tripulantes se detuvieron a ver qué ocurría. La gente comenzó a agruparse y los policías, luego de escuchar ambos relatos, y para dar el asunto por terminado, conminaron al indigente a que obedeciera al vecino.

¡Suéltala!, repitieron, con hosca autoridad pero sin alzar la voz.

El indigente iba a protestar, pero repitieron la orden, endureciendo el tono. La palabra «dignidad» entraña no tanto conocer los derechos, sino no olvidar nunca la condición humana. Es por este motivo que Cabilla, dignamente, bajó la vista y, con parsimonia, dejó el morral en el piso. Se acuclilló y se dispuso a abrirlo cuidadosamente. Los policías pusieron sus manos sobre las cachas de sus pistolas, atentos a todos sus movimientos. Cabilla metió ambas manos para sacar un despelucado y flaco gatico, que dejó sobre la acera como si fuera de cristal. El animalito, aturdido e incapaz de coordinar las patas, se encaminó renqueante hacia la quebrada en la que dormía Cabilla.

Los policías, más decepcionados que aliviados, dispersaron a la multitud y a los involucrados, se montaron en sus motos y salieron de la historia. Las ratas de la quebrada salivaron con el inesperado manjar. Cabilla estaba tan abatido que no tenía fuerzas ni para gastarla en rabia. Y Agustín no se sintió ni un poquito mejor con su victoria.

Ese fugaz instante fue su más genuina y estrecha comunión.

Decenas de canales para un solo espectador

HAY QUIEN AFIRMA QUE EXISTEN solo dos maneras de gastar la vida: persiguiendo al placer o huyendo del dolor. De ser así, Ismael pertenece a la categoría de los que prefirió andar por la sombra del segundo camino. Con menos alegría pero con menos riesgo, su única ambición consistía en atravesarlo todo lo intacto que le resultase posible. Más que ambición, evitar el dolor era su combustible, su oráculo ante cualquier encrucijada.

Esa regla lo mantuvo a salvo de tentaciones y riesgos durante los treinta y ocho años que trabajó para el ministerio. Del sindicato, los bares, los amigos secretos y toda coartada para el contacto extra-laboral. De los accidentes de tránsito camino a la playa. De la novia asustada por el retraso. Del despecho. Del infierno seco del «ratón». De la desmesura de la alegría. De la furia.

Mantenerse a salvo era, para él, un oficio de turno completo.

Luego de una vida consagrada a otear en el horizonte de la mañana la posible forma del dolor, y de respirar aliviado frente a la ventana de cada noche, se encontró un día, de pronto, jubilado. Es decir, arrebatado de las rutinas que lo volvían invisible. Expuesto a las decisiones. Vulnerable.

Como no hay un manual patentado de uso para eso llamado vida, le tocaría conocer lo que esa palabra puede traer por dentro desde la ventana de sus sesenta y nueve años. Para su asombro, todo de lo que se cuidó, todo lo que le suponía una grave angustia, era

derrochado por los demás con la irresponsable alegría del que no se
hace preguntas.

Y ese Aleph de la vida cotidiana se le fue mostrando a partir del
día en que, aburrido de ver pasar la vida por la ventana del callejón en
que vivía, decidió montar en la esquina, a unas pocas casas de la suya,
un modesto puesto de alquiler de llamadas telefónicas. Una mañana
lo decidió y, con sus lentes de montura de metal y sus guayaberas
impecables, comenzó su nueva rutina. Con sus tres teléfonos (uno
por cada operadora) y su mesita Weplast.

Con su andar prefiriendo siempre los rincones.

La señora joven del 32-19, la trigueña gordita, se quiere ir de su
casa. Trata de convencer a su mamá, todas las mañanas, de que la reciba
en la suya mientras pasa el temporal. La presiona argumentándole que su
marido se pone agresivo cuando bebe. Pero no le dice de la otra llamada
que hace, invariablemente, después de intentar convencerla. Cambia el
tono y se pone dulce. Pierde unos diez años en su trato. Está enamorada
y no aguanta un día más, dice todos los días al segundo interlocutor.

El hijo de la señora gorda del 33-14 está metido en problemas.
La señora llama cada viernes a la hermana, que vive en Coro. Luego
de las preguntas de rigor, entrega otro capítulo de una novela prede-
cible que podría llamarse «auge y caída de un delincuente torpe». La
señora no parece saber lo cerca que está de entregar el último capítulo.

Un cincuentón de la cuadra de abajo parecía tener otra. Luego
de un tiempo comenzó a descubrirse que «la otra» terminó siendo la
hija de su suegra. Esta vida, tan real, resulta ser la otra vida. La suegra
mantiene a las otras hijas al tanto de cada nuevo hallazgo.

El señor de la barba, el de la casa de tres pisos, tenía un restauran-
cito por Maripérez, pero una rodada fuerte lo tiene contra las cuerdas.
Tiene deudas. Muchas, parece. La esposa llama desde la calle para
no dejar rastro de los números. El que paga todas las facturas tiene
todos los controles. La señora intenta conseguir ayuda entre viejos
conocidos, pero el dinero es alérgico a las angustias ajenas.

La nieta de la señora del quiosco tiene tres meses. Tres meses de
retraso. Tres meses de sustos. La señora no se ha dado cuenta. La chica
siempre comienza las llamadas serenamente y las termina llorando. Así

hable con el novio, con su hermana mayor o con su mejor amiga. Cuando llega al llanto parece encontrarse en un camino polvoriento en medio de la nada, lejos de una decisión que tarda mientras todo avanza. Solo una abuela voluntariamente ciega ignora lo gordita que se ha estado poniendo.

Si una situación merece el adjetivo «paradójica» sería esa de conocer al detalle los materiales de los que estaban hechos sus vecinos y no tener con quién compartirlo. Poseía un poder de hielo seco, un imperio de Ludo, el archivo secreto de un pueblo inexistente...

Era esa, quizá, la razón por la cual los vecinos hablaban delante de él como si lo hiciesen en la estrecha soledad del baño de sus casas. Nadie podría describir el color de sus ojos, la forma de sus labios bajo el bigotito, el timbre de su voz. Era «el señor del teléfono». O «el viejo del 33-17», para los más curiosos. O «el mudo», para los más cáusticos. Era una mirada tímida que rodaba por debajo de la mesa cuando entregaba un teléfono o cuando hacía el cálculo del costo de la llamada y recibía y entregaba el dinero.

Era la silueta de la ausencia.

Pero tenía el control. En un principio no lo sabía, pero le estaba agarrando el gusto a esa fascinación de verlos entrar y salir, pasar a su lado, fingir ante los demás vecinos... y saberse dueño de la lectura privada de sus días.

Era un cable con decenas de canales para un solo espectador.

Por eso no se le hizo difícil «leer» esa inusual presencia del carro oscuro del que se bajaron dos hombres vestidos de traje y uno de chaqueta, junto a una señora regordeta con peinado de torre de Pisa. Esa mañana no había nadie en toda la calle.

¿Por qué será que toda mañana portentosa, definitiva, final, siempre intenta engañarnos disfrazándose de cualquier otra?

Por eso prestó cuidadosa atención, para no perder detalle, cuando los vio tocar la puerta de la casa de tres pisos y presintió que asistiría al capítulo final de una de las historias «del cable».

El silencio le daba a la escena un toque irreal.

Por eso, aunque se asustó, no le pareció inexplicable que, cuando la puerta se abrió luego de que tocaran insistentemente durante varios minutos, los cuatro que estaban en la acera saltaran hacia atrás como si los esperase un colchón, y cayeran al piso y desde allí intentaran alejarse de la puerta tanto como fuese posible. La señora gorda volvió a caer apenas intentó ponerse en pie. El de la chaqueta dio tres pasos a un costado luchando con algo zafado en la pretina de su pantalón. Uno de los trajeados resbaló con las carpetas que llevaba en su mano y optó por reptar. El otro se mantuvo agarrado al piso como si la gravedad hubiese invertido el sentido de su fuerza.

Luego entraron en escena los sonidos. Golpes secos ubicuos que fueron acompañados de un brazo con algo negro echando humo y el señor de la barba gritando hacia delante. Y el de la chaqueta liberando al fin lo que estaba trabado en su pantalón y apuntando al de la barba y el de la barba cayendo y, poco a poco, cuando la escena comenzó a adquirir forma definitiva, a recuperar su velocidad, volvieron gradualmente los ruidos de afuera, que se habían mantenido en silencio como a la espera de un resultado.

La calle se fue llenando de transeúntes, policías y periodistas, en ese orden. Dos muertos (jueza y embargado), tres heridos (un fiscal y dos policías), un único testigo. Y ese único testigo creyó entender el motivo para el cual se había librado del riesgo de los placeres de la vida. Por un comportamiento inscrito en el ADN, la gente opta siempre por salvar el pellejo en esta ciudad furiosa. Nadie sabe, nadie ve. Nunca. Pero Ismael supo que había llegado el momento de decir algo. Y «dijo» sin contenerse, purgando cincuenta años de prudencias. Contó los hechos con una asombrosa capacidad de detalles. Primero a los policías, luego a los periodistas que fueron llegando, pese a las advertencias de los primeros. Y a los siguientes. Y a los siguientes. Y a los de la televisión. Con un orgullo que se iba volviendo arrogancia en cada nueva versión. «Ismael Hernández» decía, mirando la libreta del periodista para asegurarse de que su nombre aparecería bien escrito en los diarios. Y cada versión era más maravillosa que la anterior.

La última habría hecho avergonzar a la original, por pobre y deslucida.

La noticia, como toda noticia, pasó. Y el silencio volvió a cobijarlo en su manto. Para el común de las personas volvió a ser el viejo taciturno que alquila teléfonos en una mesita de la calle. Pero el que sabe diferenciar los matices del verde luego de la lluvia, puede ver en él un cambio significativo. En el fondo de sus ojos, tras sus monturas delgadas de metal, brilla ahora el glorioso placer del control de la puesta en escena de su calle, el control de su pequeño mundo.

El combustible de sus mañanas ahora consiste en llegar a su puesto y mantenerse alerta, calculando, olfateando, intuyendo cuál de las historias de su cable se aproxima a su capítulo final. Y presenciarlo. Y poder contarlo. Contarlo a todo el que quiera escucharlo. Contarlo hasta que sea una historia maravillosa, fabulosa, irrepetible.

No todos los que andan es porque viven

Are we the last living souls?
GORILLAZ

ERA VIERNES. Humberto y Daniela, como se estaba volviendo tradición, pasaron buscando a sus chicos a la escuela para almorzar con ellos fuera de casa. Lo más cercano al colegio era el Millennium, y allí fueron. Subieron al último nivel y, al no decidirse por ninguna de las ofertas existentes, comenzaron a bajar en busca de otras opciones. No son las «ferias» de los centros comerciales sus opciones predilectas, pero ya el hambre asomaba su impaciencia y allí, de cualquier manera, encontrarían alguna opción razonable.

Bajando por las escaleras mecánicas escucharon un estruendo ensordecedor, un sonido que partió de las mesas de la feria y se fue metiendo por todos los rincones del lugar.

En Caracas uno vive para defenderse del ataque invisible, para cuidarse de la violencia impersonal. Vieron en torno, tratando de intuir de dónde venía el sonido y a dónde tendrían que moverse para proteger a los niños cuando se percataron de la muchacha que venía inmediatamente detrás de ellos en las escaleras, lívida, repitiendo sin audio, una y otra vez, un «¡Se lanzó! ¡Se lanzó!» que podía leerse en sus labios trémulos. Apenas salió de las escaleras se desató su pánico. Incapaz de moverse por sí sola, la pareja la rescató y la llevó a un rincón donde pudiese reponerse, mientras trataban de entender su conmoción. Abrazada a Daniela, llorando, la muchacha logró explicar el origen del ruido que acababan de escuchar. Desde el nivel que acababan de abandonar, un muchacho se lanzó al vacío para caer sobre una mesa de la feria de comida.

En un rincón alejado de los pasillos, la ayudaron a reponerse de la impresión, mientras escuchaban en torno cómo crecía el murmullo que indicaba la irrupción de un hecho extraordinario sobre la laxa cotidianidad de la tarde.

Una vez que logró calmarse, le agradeció a la pareja que la auxilió y se fue. Ellos se quedaron en silencio durante unos segundos, se vieron en el afligido semblante del otro y, en medio de una extraña pesadumbre, decidieron que no podían permanecer allí ni un segundo más.

Salieron en silencio, esquivando a los que corrían a asomarse por los balcones del centro comercial.

En la calle, Humberto intentaba explicar a su hijo de ocho años que hay personas con aflicciones tan grandes que la vida les resulta intolerable, a la vez que intentaba explicarse a sí mismo las sensaciones que no lo abandonaban. Entendió que el solo hecho de saber que estuvieron en el mismo sitio en el que ocurrió un hecho tan trágico les producía una forma de duelo, que es el respeto que produce algo tan irreparable como la muerte. El respeto al dolor para el que toma la irrevocable decisión, para los familiares y hasta, comentaron entonces, para quienes lo presenciaron mientras comían.

De vuelta a casa, y como si ya el ánimo no volvía herido en su esperanza, asistieron en silencio al ya habitual desfile de pedigüeños que atraviesa los vagones del Metro, como si de la audición de una película de zombis se tratara.

Esa noche, aún consternado, Humberto leyó estúpidos chistes sobre el hecho en las redes sociales. Le costaba creer (él que estuvo allí con su familia, que volvió a casa con ellos, que ahora todos dormían plácidamente mientras él cuidaba sus sueños) que hubiese alguien que pudiese hacer chistes de esa tragedia. Y no se trataba de alguien, por cierto. Más preciso sería decir, un buen puñado de «alguien».

Y si eso le resultó doloroso, aún faltaba por enterarse de lo peor. Se trataba de un comunicado publicado por la familia del muchacho, fijando posición de los hechos.

Se llamaba Marcel. Tenía 26 años. Sufría de retraso mental moderado. Le gustaban las máscaras, los reptiles, el chocolate. Era el niño de su casa. Nunca superó la muerte de su madre, ocurrida más de un año atrás, a la que cuidó durante su enfermedad. En el texto, la familia contó cómo debieron ponerse a resguardo de las personas que, con morboso deleite, les tomaban fotos desde sus celulares para subirlas a las redes. Y señalaban, además, que hasta la llegada de la policía científica el centro comercial siguió operando. Es decir, que muchos de esos que les produjeron compasión a la pareja, por haber tenido que presenciar el terrible impacto de esa escena tan fuerte, simplemente siguieron comiendo con el cadáver a escasos metros.

Humberto se fue a reunir con su mujer en la cama pensando con angustia que la enorme cifra de asesinatos que acumula cada día esta ciudad desquiciada está produciendo otra forma de muerte: la de los zombis que deambulan por ahí, tomando fotos para tener algo que contar, sin sentir nada.

O, como leyó en una ocasión: la muerte es más popular que la vida, porque todo el mundo muere, pero no todo el mundo vive.

Ese desolador pensamiento lo mantuvo dando vueltas en la cama casi hasta el amanecer. Cuando finalmente logró dormirse, su sueño se limitó a un paisaje gris en cuyo horizonte aparecían, de cuando en cuando, hombres que caminaban arrastrando los pasos. Sus ojos abiertos y vacíos le decían, con tétrica certeza, que aun sin ellos saberlo, estaban muertos. Y desde hacía un largo tiempo.

Resistencia cotidiana

HAY COSAS CUYO ENCANTO RADICA EN LA PERSPECTIVA. Es como si, en una toma más amplia, las pirámides de Egipto dejaran ver una cerca metálica, una taquilla y unos torniquetes. Cosas que, vistas desde otro ángulo, dejarían de ser lo que siempre hemos visto en ellas.

Igual sucede al contrario. Hay cosas que, si cerramos el foco, las vemos en una nueva realidad más amable que el paisaje apocalíptico que ofrecen de ordinario.

Viernes, 5:00 pm. Una docena de cuadras bastan para pasar de un pueblo fantasma a un escenario de guerra. Bajando por La Colina el caminante se siente en una ciudad fantasma. O en la escenografía abandonada de una película. Se pueden caminar varias cuadras sin atisbar presencia humana ni en las ventanas de los edificios. La Plaza del Buen Ciudadano parece una cruel metáfora. Su soledad parece decir que el que esté libre de pecado… y, en efecto, se quedó vacía.

Luego cruza el río bravo e indolente de la Andrés Bello y comienza a bajar por Los Caobos. Sonríe involuntariamente al ver policías acostados en ese paisaje lunar. Y si cruzar la Andrés Bello resulta complicado, cuando se enfrenta a la Libertador descubre que aquella era una modesta pista de entrenamiento. Que este sí es un río salvaje.

Y, del otro lado, Caracas en todo su esplendor.

La avenida Andrés Bello, por cierto, la cual nace al final de la avenida Urdaneta y, sin explicación alguna, se diluye frente a la Iglesia de La Chiquinquirá, en La Florida, esa que si fuese un río tuviese como tributarios a otros como Pinto Salinas, Simón Rodríguez, Pedro Camejo... es una demostración fehaciente de que eso de los epónimos como forma de homenaje a personajes históricos es una muy, muy mala idea.

Luego de esa breve digresión, continuemos.

En ese paso entre el pueblo fantasma y el escenario de guerra, cuando piensa uno que ya no queda nada por hacer, además de entregarse; cuando se cree que buscar lo humano entre el ruido y la violencia es un acto inútil, que tirar la toalla y vivir encerrado sin forjar proyectos es lo sensato, que solo resta abandonar toda noción de ciudadanía y de ambiciones por una vida mejor, aparece una silenciosa heroína cotidiana.

Con el talante inexpresivo y lacónico de los duros del *western*, y sin atender al mundo que gira sino a las motos que pasan entre los carros y la cinta amarilla que bordea al cráter donde había una acera, va en silencio, con la mirada atenta y el rostro comprimido, tomando a su hijo de la mano, el cual lleva a la espalda un instrumento musical en su estuche.

La ciudad le da todos los motivos para considerar sensato encerrarse en casa y salir solo a lo estrictamente necesario. Renunciar a todo lo que no sea fundamental para la subsistencia. Sin embargo, quizá debido a sus conceptos de lo «estrictamente necesario» y de lo «fundamental para la subsistencia» es que sale a la calle, arriesgando su integridad en ese rapto de locura que supone subir por Plaza Venezuela hacia Los Caobos un viernes al final de la tarde.

Un viernes. Al final de la tarde.

Ese día también hay ensayo. Ese día tampoco encontró una excusa válida para tirar la toalla. Ese día desatendió la prensa y su parte diario de guerra. Ese día siguió creyendo en un futuro, en que su ciudad algún día conseguirá su acomodo. Que cuando «todo» pase (y por «todo» ya ni sabemos de qué estamos hablando, pero cuando eso que algún día pasará termine de hacerlo), el chico será miembro de una orquesta venezolana. O hasta extranjera, que soñar no cuesta nada.

Y tendrá una vida distinta a la que ella tuvo.

Creer siempre será, sin duda, un hecho meritorio y relevante. Creer en el futuro es como creer en Dios, lo que nos recuerda al poeta

Thomas Lynch, cuando apuntó que «algunos días estoy seguro de Dios, otros no. Casi siempre me uno al probabilista francés Blaise Pascal, cuya táctica indica que es mejor creer en algo que no es, que no creer en algo que es».

Por tanto, ya creer en el futuro de ese hijo siempre será algo meritorio y relevante.

Y, al igual que esa pequeña estampa de la resistencia cotidiana, dejando atrás la resignación, con todo en contra, con un tiempo que no rinde, con una ciudad que acalora solo de pensar en ella, con unos conciudadanos a los que no se les calma la rabia, con un hampa que no da tregua, miles de padres y madres llevan a sus niños, religiosamente, a los entrenamientos de béisbol, a los ensayos de teatro o de danza, a las clases de natación, a los talleres de poesía, a las prácticas de violín.

Actividades «inútiles» en tiempos de subsistencia, pero que contagian de una contundente certeza: la de saber que la ciudad la hace cada uno de sus habitantes.

Y la hace a diario.

La gloria esquiva

EL VIEJO ANZOLA DECÍA A ARQUÍMEDES, su hijo, que de entrada él ya tenía su doble A, y que a él le tocaba hacerse solo el camino hacia el profesional. Era un chiste con las iniciales de su nombre, claro, pero el muchacho creció convencido de que se trataba de una sentencia. Una orden del destino, de la cual su papá era un vocero accidental. ¿Quién que viera esas ganas, ese talento nato, esas dimensiones que estaba adquiriendo el muchacho podría ponerlo en duda?

Él, al menos, no. Siempre que se veía en el espejo, veía a un grandeliga.

Cuando llegó a los treinta dejó de preguntarse qué pasó. Las malas mujeres, la mala bebida, la mala leche (para el débil los malos siempre están afuera, le había dicho mucho tiempo atrás un *coach* que hablaba como un predicador de barrio, y al cual él nunca entendía) fueron los chivos expiatorios que le sirvieron para no cuestionarse.

Para no pensar.

En el mapa de cada vida los despechos pueden dibujarse como archipiélagos o como continentes. Por lo general los continentes los inspira algo que no se arrugará ni engordará y jamás olerá a viejo. Son esos que mientras más se alejan más brillan.

El brillo enceguecedor de ese despecho continente espantó el sueño a Arquímedes durante un tiempo muy, muy largo. Y combatir el fantasma de ese futuro desvanecido frente a sus ojos supuso aturdimiento, dolor y una rabia que lo dejaba agotado.

Y suficiente alcohol.

Un día amaneció siendo eso que tanto despreció: «un tipo común y corriente». Y ese tipo común y corriente adquirió algo sensual y dichoso: el sueño apacible y puntual. Pero para ello tuvo que dejar que, como crecidas de un mismo río, corrieran especies, chismes, recriminaciones del viejo... Era un pequeño precio para mantener a salvo uno de esos secretos que nos enseñan a vivir en soledad. Y el suyo se remontaba a aquel pelotazo en la cara, a los quince años, con el cual el fuego sagrado se le escurrió entre la sangre que brotó del pómulo como un grifo abierto. No podía confesárselo a nadie pero, luego de eso, la sola idea de pararse frente a la caja de bateo le producía temblores en las rodillas y en la boca del estómago.

Vértigo, escuchó decir. Pero él sabe que simplemente le agarró culillo a la pelota.

¿Quién se puede concentrar en batear cuando lo que más desea el cuerpo es alejarse del dolor y de la angustia que no se calma hasta que se escucha la bola aterrizar en la mascota del cátcher?

Y lo único más doloroso que haber abandonado sus sueños fue lidiar con la vergüenza que sintió aún mucho tiempo después del accidente. Mucha gente importante en su vida estaba ahí para apoyarlo, para verlo fajarse. El lanzamiento venía diseñado para alejarlo de la zona de *strike*. Y él quería ganarse su lugar en la alineación, por lo que no estaba dispuesto a dejarse amedrentar.

Lo primero que sintió fue como si le hubieran soplado aire comprimido dentro del cerebro. En un segundo se le regó por la cara un dolor seco y uniforme, que latía como animal herido, y las piernas se doblaron dócilmente. Cuando cayó al suelo se puteó a sí mismo por no haberla visto venir.

En esa especie de *mute* en que estaba su cabeza en ese momento, vio con nitidez las caras de quienes lo rodeaban, y le daba una pena enorme haberse descuidado de esa manera. Se sentía tan culpable que quería pedir disculpas, ponerse de pie y pedir otro lanzamiento. «No ha pasado nada, viejo, dame un chance», quiso decirle a su papá, pero apenas lo intentó un sueño y una feliz ausencia de voluntad tomaron el control.

«¿Cómo no la vi venir?», iba a decir, pero su cerebro se desenchufó con placidez.

Después pasó a ocultarse en la cobardía de no querer enfrentar el miedo. Y a confeccionar, con terca insensatez, la vida que todos le recriminarían. Sepultar la vergüenza con excusas verificables con tal de poder sepultar con ella la demoledora verdad:

Un pelotazo bastó para evaporarle el ímpetu a un tipo destinado a «las grandes».

Se alejó del béisbol como todo el que se aleja del dolor. Y tuvo una vida normal y un matrimonio y una cama que en sus buenas rachas no conocía tregua. Y un hijo al que le puso Andrés, sin darse cuenta que repetía el chiste del papá con él. Y se dedicó a su familia con los pies en la tierra, con un trabajo y un sueldo para pagar las cuentas.

Un día, sin saber cómo, luego de tanto huir de ella, lo alcanzó la ambición de ver en el hijo la masa de la segunda oportunidad. Y se dedicó a preparar ese proyecto secreto. Pero no contaba con que la dulzura de aquella novia devenida en esposa tenía fecha de vencimiento. La ex supo dónde y cómo pegar, y la separación del núcleo familiar construyó una pared alta e insalvable que dejó a su ambición en un lado y a su hijo en el otro.

Fue como la pérdida de la Segunda República.

Y volvió a asomarse, frente a la proa del barco de su vida, ese despecho continente que para su fortuna ya había explorado. Con sus palabras proscritas y sus zonas oscuras. Con sus islas de evasión y sus mapas de ruta para salvar azarosos estrechos.

Y luego, a salvo una vez más de ese dolor, se reencontró un día con el hijo como dos tipos normales en una barra que con el tiempo se volvería su sede. Allí se enteraría de que sería abuelo y, para evitar tentaciones, retrasó cuanto pudo conocer el nombre del nieto.

Pero cuando la vida escribe destinos no diferencia entre mayúsculas y minúsculas. Y, como la muerte cuando pauta sus citas, se asegura de que no nos perdamos. Fue así como un día, ya jubilado pero aburrido de ver televisión y hacer mandados en la casa, volvió la espina que tanto trabajó para eludir. Alguien le ofreció un trabajo de vigilante en un estadio en el que funcionaba una granja de los Orioles.

En eso anda desde hace cuatro meses. No se pierde los entrenamientos aunque la mayoría son fuera de los horarios de sus guardias. A veces se acerca a los muchachos y les da consejos de bateo, los cuales son recibidos con una mezcla de desconfianza y respeto. Hace como un mes descubrió a uno con las ganas, el talento y las dimensiones adecuadas para predecir que será un fenómeno. Un muchacho de Güiria que se llama José Barreto. Va a ser de los primeros en ser firmados. Eso Arquímedes lo puede oler. Es tanta la fe que, cuando José duda de su talento, el viejo lo calma:

Quédate quieto, Andresito, que eso es un hecho.

Al principio a José le fastidiaba que el viejo le cambiara el nombre. Pero como es pana y lo ayuda mucho, ya no le da importancia.

La vieja sensatez

La nostalgia, como el tango, demora pero llega.

LEILA MACOR

¿Cuántas ciudades caben en una ciudad? ¿Cuántas personalidades guarda dentro de sí, como cajitas chinas o muñecas rusas? Tantas, como grupos y épocas las han construido. Porque, así como las personas a lo largo de sus vidas arrastran algo más que un cuerpo, las ciudades no son solo un espacio físico, sino algo más complejo e intangible.

Hay ciudades y épocas signadas por la moto y la imprudencia, y me excuso por la redundancia. Esa en la que el paisaje está hecho de motos con una pareja y un par de niños ensayando un equilibrio imposible, en tanto serpentean entre autobuses, carros y camiones. O niños y perros compartiendo el tanque de la moto, sujetos a la fe. O un hombre llevando a dos mujeres, macerados en alcohol. O al motorizado con un parrillero llevando una bombona de gas, un espejo, o un armatoste de metal. Y hasta los que llevan una pequeña lavadora a su espalda, mientras arrastran otra en una carretilla. «Emprendimiento», le llaman a eso a lo que antes se le decía insensatez.

Ciudades que son pesadillas para cuando uno despierta.

Pero también hay ciudades que guardan ecos lejanos. Pequeñas ciudades cuya denominación de origen fue labrada en la honestidad y en las ilusiones de los que, viniendo de lejos, simularon en nuevas tierras un pedazo de su terruño para minimizar la nostalgia. Y los esfuerzos de los que no tenían una segunda oportunidad e intentaron su paraíso en la tierra. Y la pasión de los que creen en el otro. Y las energías de los amantes que se esconden, de los enemigos que se esquivan, de los solitarios que se buscan, se encuentren o no.

Son ciudades que se superponen y, como habitantes de dimensiones paralelas, rara vez se corporizan unas a los ojos de las otras.

Hay una de esas ciudades a la que vuelvo con frecuencia porque le tengo particular afecto. Una que pasa inadvertida para el común de los caraqueños, usualmente aturdidos y apurados por llegar a ninguna parte. La que me produce la absurda nostalgia por lo que no viví. Esa que estrenaba su visión estética, a veces de las empíricas manos de italianos que se dijeron albañiles para embarcarse en «esta» aventura, durante los años 50 del siglo pasado, regalándonos una arquitectura noble e imperecedera, como constancia de que se pudo y se puede vivir con un sobrio sentido de la vecindad.

Y que el cielo está lejos, hagamos lo que hagamos.

Me refiero a esa ciudad de edificios de tres, cinco, siete pisos, elegantes, impasibles, sólidos, que uno puede tropezar en la avenida Victoria, en Bello Monte, en Chacao, o en Los Palos Grandes. O que se dejan ver por los lados de Los Chaguaramos, La Candelaria, San Bernardino, y Las Mercedes, escondidos en el bullicio del *snob* desechable. O los amables bloques de Casalta I, llenos de árboles y silencio.

Edificios erigidos hace ya más de sesenta años, que conservan una magia, como la alegría ya atenuada del primer beso o la entusiasta esperanza por un afán ya olvidado. Esa magia que hace que la respetable distancia del ayer se sienta cercana, tan ahí mismo, que a veces nos da por preguntarnos si no será posible, si no habrá una manera de volver a comenzar.

Como para hacerlo bien esta vez.

Cuando uno camina entre sus calles siente la misma sensación que produce visitar a esos tíos viejos que siguen teniendo mucho que decir, que están de vuelta de todo y ya no se escandalizan con nada. Esos que se sorprenden con las visitas, porque ya la gente está muy apurada como para acordarse del que dice lo importante y no lo que está de moda. Esos que siempre consiguen la solución, restándole importancia a nuestras angustias.

Son esos que se aferran a las formas de su época, con su franelilla debajo de la camisa impecablemente llevada por dentro, perdidos en los severos colores de sus pantalones de gabardina. Pero que cuando uno los oye hablar, siente algo más complejo que la simple «vigencia», algo más cerca a una atemporal lucidez. La atemporalidad de esas cosas vitales de la vida, como la honradez y la generosidad. O la palabra empeñada.

Por eso aún reconforta visitarlos.

Como esos tíos, esa Caracas tiene mucho que enseñarnos en ese asunto de vivir. Si quisiéramos entender que, más que desgastarnos rehaciéndonos, es importante mantener esa imperecedera elegancia que le viene de su mestizaje, de su afinidad con amables paisajes urbanos esparcidos en diversos rincones del mundo donde la gente aprendió a vivir con la ciudad, no a costa de ella.

Boarding Pass

1.- ¿Tienes un negocio y piensas que por ser tuyo tú pones las reglas en la atención a los clientes y en el horario de trabajo?

2.- ¿Te parece que las reglas son para los pendejos y que tú sabes siempre lo que estás haciendo, por lo que no debes guiarte por otra normativa que tu instinto?

3.- ¿Tiendes a criticar todo lo que no se parezca a ti y a considerar como equivocadas otras formas de hacer las cosas?

4.- ¿Comienzas una actividad con entusiasmo pero al poco tiempo te aburres, e inicias otra que pronto te va a aburrir y también la dejarás a mitad de camino?

5.- ¿Siempre crees tener la razón y estás convencido de que puedes hablar de cualquier tema o abordar cualquier actividad con suficiencia?

6.- ¿Desechas de forma peyorativa los argumentos contrarios o no puedes discutir sin acudir a las descalificaciones personales, o reclamar sin acudir a los insultos?

7.- ¿Estás convencido de que la única forma posible de divertirse en la playa es llevando tu camioneta hasta la orilla y poniendo música a todo volumen?

8.- ¿Te incomoda el silencio y tienes que poner música en todo momento, en toda ocasión, preferiblemente bailable, preferiblemente a alto volumen?

9.- ¿A toda conversación le consigues un filón de doble sentido, usualmente de índole sexual y, por lo general, haces de ello un chiste fácil?

10.- ¿Estás convencido de ser más pila, de saber más, de ser mejor, más atractivo, más inteligente, que la media de la gente que te rodea?

11.- ¿Consideras que tu voluntad es suficiente para hacer las cosas y que los métodos y los sistemas son para los pusilánimes?

12.- ¿Estás convencido de que todo trámite se puede aligerar y toda falta se puede dejar pasar si le pones la cifra adecuada?

13.- ¿Consideras que comerse la luz, evadir impuestos, buscar una palanca, son actitudes de gente pila, y cuando te pescan en una falta niegas toda evidencia?

14.- ¿Tienes que hablar con volumen más alto del necesario incluso por teléfono, y si estás en grupo sientes una irrefrenable necesidad de hablar continuamente de ti y de tus posesiones y logros?

15.- ¿Compras siempre las cosas más caras, porque te parece que eso proyecta una imagen de poder y te evita tener que aprender a reconocer la calidad en ese rubro?

16.- ¿Estás obsesionado con el poder? ¿Te gusta disfrutar de los privilegios y beneficios que conlleva?

17.- ¿Necesitas de la gratificación inmediata de manera permanente y el reconocimiento fácil? ¿Te cuesta concebir proyectos a largo plazo?

18.- ¿Crees que un rústico de último modelo, un Rolex o el whisky 18 años son símbolos de éxito? ¿Eres de los que piensa que el dinero es para exhibirlo?

19.- ¿Bebes alcohol en todo momento, a toda hora, y todos los días? ¿No concibes una reunión sin alcohol (preferiblemente whisky) en grandes dosis?

20.- ¿No te avergüenza llegar tarde (ya darás una excusa) o embarcas en una cita y avisas a última hora o no avisas?

Bonus: ¿Fantaseas con violentas venganzas o, incluso, sueles responder con violencia a los abusos de terceros?

¿Te reconoces en al menos cinco de estos renglones? ¿Quieres irte de aquí porque estás cansado de que en este «país de mierda» nada funcione? Sería conveniente que revises bien ese equipaje que te llevarás en tu huida del mal porque, como en las historias de la mitología griega, vayas a donde vayas llevarás a cuestas el germen de eso de lo que tanto reniegas. Que lo llevarás allí donde te radiques. Que lo sembrarás en otras tierras y lo verás germinar.

Que dependerá de ti desarrollar la alquimia que convierta tus lastres en virtudes.

Venezuelan kitsch

ES EXPERTO FINANCIERO, analista político, asesor de belleza, catador de vinos, comentarista deportivo y crítico de arte. Explica a los demás las cosas de las que recién se entera, porque supone que nadie lo sabía. Si el interlocutor demuestra conocimientos sobre el tema, de inmediato pierde interés en ello. Después de todo, el conocimiento es para exponerlo, no para disfrutarlo.

***

Cuando se siente poeta recita «Las uvas del tiempo» o «Píntame angelitos negros». Y si le piden el nombre de un escritor, dice Rómulo Gallegos, y *Doña Bárbara*, si se trata del nombre de una novela. Seguramente no la ha leído. En muchísimas ocasiones, su biblioteca estará hecha de fascículos encartados en diarios y revistas.

***

Mantiene vivas, sin filtros ni cuestionamientos, las tradiciones de madres y abuelas. No importa qué tan sofisticado se haya vuelto. Cocina bajo las recetas maternas y está convencido de que «la mejor hallaca la hace mi mamá». En los casos extremos hasta se instala en casa de la progenitora cuando está enfermo(a). Compra donde, por tradición, lo hace la familia y hereda a los médicos especialistas.

***

Ya no aplaude cuando el avión aterriza, pero se ha inventado otros ritos: las caravanas de bachilleres graduandos en los colegios de clase media, o las de seguidores del Barça cada vez que ese equipo gana algún campeonato. Y «La hora loca» de las fiestas. Antes de inventar ese segmento, a golpe de tres de la mañana, hasta en la más encopetada ponían tambores y soltaban tacones para entrar en contacto con los genes africanos. Pero que nadie se engañe: esto no necesariamente indica que no sea racista.

***

Mantiene una inalterable apología a la madre. Le celebra el cumpleaños con mariachis. Su apelativo cariñoso es «mi viejita». Su escena clímax es llegar a darle el abrazo de Feliz Año. Y llevarle sus pantuflas, su bata o su licuadora de regalo del Día de las Madres. Aunque también le alborozan otras fiestas «temáticas», como el Día de los Enamorados, o el Día del Niño.

***

Suele sonreír con franqueza. Y por todo. Es de naturaleza llana y alegre. Suele ser optimista y siempre encuentra los aspectos positivos de la desgracia. Rompe el hielo con facilidad y sabe ser cordial cuando se lo propone. Llega, incluso, a ser empalagoso. Puede ayudar a un desconocido a cambio de nada y sabe sacar provecho a su capacidad de improvisar.

***

Toma la opinión adversa como una afrenta personal. Solo dos juicios abarcan su visión del mundo: «arrechísimo» y «una cagada». Es decir, ve el mundo en (usualmente dos) tribus: nosotros y aquellos, pudiendo dividirse esta última categoría en tantas subcategorías como sean necesarias.

***

Es retrechero cuando presta servicio y generoso cuando hace un favor. Pero, con una generosidad con su toque de petulancia. Es tan intenso que, hasta cuando quiere zafarse de su naturaleza, lo hace con tal ímpetu que, al contrario, la destaca.

***

Es informal hasta la impudicia, y asimila la procacidad a su habla cotidiana, en las circunstancias que fueren. Si la palabra «igualado» no existiese habría que inventársela. Desconoce de diferencias sustanciales, las allana con una palmadita cariñoso-condescendiente en el hombro del otro, sea el presidente de la empresa, el policía que va a poner una multa, el parquero o el ahijado que acaba de graduarse.

***

Come sushi como quien come empanadas. Y, aunque no produce trigo, tiene una panadería en cada esquina de cada ciudad. De hecho, el tequeño es el único pasapalo indispensable en sus fiestas. La cachapa, en cambio, la come en contadas ocasiones. También se gestó una fama de tener uno de los consumos más altos de whisky del mundo (bebida que tampoco produce), que toma con agua o soda, y hasta con refresco —rara vez «en las rocas»—, y lo mezcla con el dedo índice, como dicta la tradición.

***

Adora todo lo que el mundo considera trasnochado o inconveniente, como el Blackberry o la Hummer. O adscribirse a la lógica de la Guerra Fría y hacer revoluciones. No es infrecuente que esté fuera de lugar o de tiempo, emotiva y culturalmente hablando.

***

Esa dedicación con la cual cultiva su frivolidad lo ha llevado a adquirir cotas decididamente notables en la preocupación por el manejo de su imagen, lo que produce especímenes de acabado realmente espectacular. Si se lo propone, puede llegar a ser verdaderamente encantador.

***

Se burla de todo. Todo le causa risa. Todo lo extraño le parece digno de chanza. O criticable (verbigracia). La palabra que define esa actitud, considerada una virtud social, es el *chalequeador*. Es de humor agresivo y, pese a su natural condición *snob*, es lo contrario al cosmopolita.

***

Siente fascinación por el ratán. No hay posada o apartamento de playa que no ostente su juego de recibo, poltrona o sillón de ese material. En su defecto, están los muebles de suela o de paleta, los cuales se dejan ver hasta en apartamentos de cincuenta metros cuadrados. Las barrocas rinconeras y mesas de mármol y bronce causaron furor durante los ochenta, pero la durabilidad de los materiales ha ocasionado que aún se dejen ver en algunas casas. Las sandalias de cocuiza van y vienen, revestidas de pequeños detalles para cada época. La última vez que se dejaron ver, estaban acompañadas de diseños en «animal print».

***

Adora los programas de concursos, el *Sábado Sensacional* (el cual ha visto crecer a varias generaciones de venezolanos) y el Miss Venezuela. Este último es una institución fundamental. Es la cantera de donde salen presentadoras de televisión, anclas de noticieros y actrices de telenovelas. El Miss Venezuela es una aspiración nacional para las niñas como lo es el béisbol para los varones. A las niñas que se rompen las rodillas jugando les advierten, medio en broma, que ya no podrán ser misses. Y si es bonita, o alta, o delgada, le auguran que «va a ser una miss».

***

Sus fiestas usualmente superan su presupuesto. En el último añadido a la larga lista de nuevas «tradiciones» está el que las quinceañeras desciendan de una jaula para bailar el vals con el padre, y que las novias alquilen una habitación de hotel para salir de allí vestidas para la boda. En las bodas «el centro de mesa» es el botín apetecido de la noche, aunque nadie sepa después qué hacer con él.

***

En diciembre compra pinos naturales canadienses, Ponche Crema por cajas y, mientras lo toma, completa el ritual advirtiendo con cierta melancolía que ya no sabe como cuando el viejo Eliodoro González P. estaba vivo. Porque ese es uno de sus talentos natos: afirmar cualquier cosa con la certeza del profesor que da una misma clase desde hace veinte años.

***

En la individual puede lograr resultados maravillosos. Si bien lo de ponerse de acuerdo no siempre se le da bien, cuando va tras sus propias ideas puede llegar a ser muy destacado. No en vano, se puede esperar cualquier resultado de ese condumio que lo conforma. Incluso, por supuesto, un tesón y una perseverancia obcecadas.

***

Hace del perro caliente y la hamburguesa callejeros un aquelarre del más increíble gusto. El asunto, al parecer, estriba en sacar provecho y usar la mayor cantidad de aderezos posibles. De hecho, la inclinación por la sobreabundancia de gusto es la más clara constatación de la ausencia del mismo.

***

Siempre tiene hambre. Nunca se sacia. Siempre quiere más. Dinero, comida, mujeres, posesiones, atención. Por eso le gustan las camionetas más grandes y las mujeres más carnosas. Siempre le monta el ojo al pedazo más grande de torta.

***

Incluso el que está felizmente casado siempre ve en torno, buscando. La bio (en Twitter) puede decir abogado, economista, odontóloga o ingeniero, pero si tiene «con qué» no pierde ocasión de usar, como avatar, una foto en traje de baño, en su pose más sugerente. La foto guarda proporción con el número de sus «followers».

***

Nunca se concentra en nada, porque siempre hay algo más allá. Toda ganancia resulta exigua. Toda celebración, corta. Nunca son suficientes las vacaciones, ni la comisión por ventas, ni los regalos de la vida. Toda risa es poca y todo placer pequeño. Eso lo lleva a agriarse por lo que anhela en lugar de disfrutar lo logrado.

***

Lo que tiene de reaccionario lo tiene de permeable a los nuevos soplos, lo que lo hace estar siempre atento al mundo que lo circunda. Y eso, todo eso, junto o en partes, es lo que hay. Para bien y para mal, es la materia prima de la que parte todo. La herencia cultural de la cual todos, en mayor o menor medida, bebimos.

Ya cada quien verá qué hace con la parte que le toca.

Epílogo (Contrabando)

G. VIVE EN BERLÍN. En sus clases de alemán habla de inseguridad y de rejas en apartamentos, mientras sus compañeros de clase sospechan un error de traducción. No saben si entendieron bien. ¿Rejas en un segundo piso por temor a la inseguridad? Ella se esfuerza en traducir, más que palabras, realidades. Pero las realidades que logra traducir insisten en acompañarla. Allí, donde todo indica que no tiene sentido, sigue mirando hacia atrás cuando camina por una calle sola de noche. O se pone en guardia cuando un desconocido se le atraviesa en un pasaje solitario. No hay manera de explicarles a sus sentidos que ya lo peor pasó. Que está a salvo. Que ese instinto que la mantenía viva en Caracas es un estorbo y una carga innecesaria en su nueva realidad. Pero, como la mente no es un *smartphone* al que le desinstalas aplicaciones que ya no hacen falta, la paranoia quedó activada y le costará mucho adormecerla nuevamente.

L. siempre creyó que una de las cosas que la hacían sentirse fuera de lugar entre sus iguales era la violencia cotidiana de la viveza. Eran tantas las cosas con las que no comulgaba, tanta la agresividad que debía soslayar, que le causaba agotamiento lidiarlo a diario. E hizo su vida en otra ciudad, en otro país. Y cada vez que recordaba la «viveza criolla» se felicitaba por la decisión tomada. Y, para asegurarse de ello, acataba todas las normas del país al que fue a parar, preguntándose qué les costaría a sus compatriotas hacer lo propio. Un día advirtió, consternada, que sus amigos y compañeros de trabajo de su nueva vida solían hacerle notar el agresivo pulso con el que ella atacaba los obstáculos cotidianos. Por insignificantes que fuesen, siempre activaban su reacción automática. Su espuela. Su talento para actuar al margen del libreto. Para improvisar y ganar. O arrebatar, si las circunstancias lo requerían. Descubrió que los demás veían en ella algo que no solo no veía en sí misma, sino que criticaba en sus compatriotas. Un día, una maniobra que hizo mientras manejaba, una flagrante viveza, le reveló la verdad: «En esos momentos descubres que no tienes la paciencia necesaria. Cuando menos lo esperas, el Caribe toma el control».

M. es una dulce caraqueña criada en una urbanización de clase media asentada en una de las colonias del sureste de Caracas. Vive en Estados Unidos desde hace varios años. Cada vez que vuelve a su ciudad natal se enferma ante el nivel de violencia que se respira en las calles. Dice, con toda razón, que la abruma. Un día, caminando con un amigo que la visitaba en su nueva vida, mientras ella hablaba de las bondades de la convivencia en una sociedad que presta capital importancia a la eficiencia y a lo políticamente correcto, tropezó a una señora y ambas, con esmerada y elocuente cortesía, se dieron vuelta para decir, casi al unísono, un «I'm sorry» que no dejaba de ser mecánico detrás de la sonrisa. Luego retomó la conversación para confiarle al amigo que «la ladilla aquí es que a cada rato tienes que estar disculpándote por todo».

R. es caraqueño. Tenía poco tiempo de mudado a su nueva vida, lejos de casa, cuando una noche, bastante tarde, iba conduciendo su carro y no se detuvo ante un semáforo. La calle estaba absolutamente vacía y el instinto le indicó que ignorara la señal. De inmediato vio por el retrovisor las luces de una patrulla. Se detuvo, convencido de que el policía entendería su razonamiento. Ante la pregunta de por qué hizo caso omiso de la luz roja, él argumentó que a esa hora y con esa calle tan sola era un peligro detenerse. El policía, con una mezcla de consternación y desprecio, le aseguró que lo único peligroso a esa hora era gente como él al frente de un volante. Nunca dejó de parecerle «un aplique» que lo multara.

I., una periodista venezolana residenciada en el exterior, describe con agudo tino «eso» que no es fácil de precisar, pero que tampoco pasa desapercibido, cuando está en presencia de un compatriota: «Hay en ellos un tono de voz, una mirada, un gesto, una maldita manera de ser, que sin mucho esfuerzo los observas a distancia y piensas: 'Este es venezolano'. (...) Las raíces son una vaina que, tarde o temprano, sacan lo mejor y lo peor de ti», concluye. Esa «maldita manera de ser» es la suma de un infinito conjunto de gestos que no pasan desapercibidos por ese GPS llamado intuición.

Como los paquetes de TV por cable, que ofrecen un puñado de canales deleznables junto a unas cuantas joyas imprescindibles, el asunto se compra en paquete. Y te resulta invisible, ya que con esas formas te enseñaron a ver la vida y a entenderte con ella. Así aprendiste a enamorarte, a relacionarte, a negociar, a llenar el catálogo de los prejuicios que deberás aprender a abandonar, a compartir una historia y a hacerte un mapa.

Como con las familias, con los países (y las ciudades) no hay remedio. Están llenos de cosas que podemos odiar estando adentro pero que vamos a extrañar estando fuera. Tener bien claro el inventario de ese contrabando que llevamos con nosotros es el primer paso para entender desde dónde vemos el mundo.

Y cómo nos ve él a nosotros.